KB245809

프로바둑강좌 · 완전초급 1

초보자를 위한 바둑의 ABC

7단 影山利郎 지음
프로바둑연구회 편

太乙出版社

머 리 말

왜 바둑은 불가사의한 매력을 지니고 있는가?

한 번 바둑에 빠져들면, 도무지 침식을 잊고, 인생의 모든 것으로부터 초탈되어 버린다.

이것은 바둑이 단순히 상대방과 마주앉아서 시간만을 허비하는 단순한 게임이 아니기 때문일 것이다. 눈으로 보고, 머리로 생각하는 가운데 상대방의 마음을 읽고, 나아가 자기 자신의 한계를 뛰어넘는다고 하는 우주적인 오묘한 이치가 바둑의 기리(棋理)속에 깃들어 있기 때문이다.

그렇다고 해서 바둑의 오묘한 기리(棋理)를 모두 터득한다는 것이 무조건 쉽다는 것은 아니다. 바둑의 신수(神手)를 터득하기 위해서는 피나는 각고의 노력이 필요하다. 바둑은 항상 그 자리에 머물러 있는 현상적인 게임이 아니기 때문이다. 바둑은 항상 변화한다. 그것은 마치 사람의 마음이 너무나 깊고 넓어 그 변화를 헤아릴 수 없는 것과 같다. 그만큼 바둑의 변화는 오묘하고 무쌍하다.

그러므로 처음 바둑을 배우는 사람들은 항상 겸허한 마음가짐으로 자신의 인생을 관조하듯이 바둑의 기리(棋理)에 익숙해지도록 노력해야 한다.

우리의 삶에 떠오르는 모든 것들이 다 그러하지만,

바둑도 역시 기본적인 지식을 완벽하게 갖추고 있으면 나머지의 변화도 자연히 쉽게 터득할 수 있게 된다.

따라서 자기 자신이 초보의 단계에 있다는 것을 언제나 잊지 말고, 차분한 자세로 배움에 임하기 바란다.

이 책은 이제 바둑의 즐거움 속으로 뛰어들어가 보고 싶은 욕망을 느끼는 바둑의 완전 초보자들을 위하여 엮어진 바둑의 기초 가이드이다. 처음 바둑을 접해 보는 독자들에게 상당한 도움이 되리라 믿는다.

아울러 바둑을 아끼고 사랑하는 전 세계의 바둑 애호가들에게 심심한 사의를 드리며, 독자 여러분의 건승을 비는 바이다.

저 자 씀.

차 례*

● 머리말 …… 5

제 1 장 / 바둑 입문과 루울

간단하게 둘 수 있다 …… 12

바둑은 땅따먹기 게임이다 …… 13

루울은 다섯 가지 …… 14

이렇게 해서 돌을 딴다 …… 15

돌을 따는 가치 …… 20

이것이 착수 금지점이다 …… 21

금지점과 비슷하나 다른 것이다 …… 22

패는 곧 되찾을 수 없다 …… 23

관전(觀戰) 입문법 …… 24

- 초급자전 제 1 국(9 줄판) 제 1 보~제 7 보 …… 25
- 초급자전 제 2 국(9 줄판) 제 1 보~제 8 보 …… 30
- 초급자전 제 3 국(9 줄판) 제 1 보~제 8 보 …… 34

*차 례

루울 위반을 하지 않도록 ………………………… 39

제 2 장 / 쉬운 기초 지식

끊음과 이음(절단과 연속) ………………………… 45
돌의 사활(死活) ………………………… 69
당연히 받는 수 ………………………… 76
실전의 주의 사항 ………………………… 86
바둑판상(上)의 명칭 ………………………… 88

제 3 장 / 포석의 마음가짐

집은 귀가 유리 ………………………… 91
제 1 착수 ………………………… 93
제 2 착수 ………………………… 95
돌의 배합 ………………………… 114
적의 공격에 어떻게 대처하는가 ………………………… 118
없는 배합 ………………………… 122

차 례*

대치형(對峙型)의 경우 ······························ 124
바둑판·바둑·바둑통 ······························ 126

제 4 장 / 접촉전의 마음가짐

단독접촉 ······························ 128
중시하라 '힘의 빛' ······························ 131
대치형(對峙型)에서 접촉 ······························ 143
'집' 대 '세력' ······························ 154

제 5 장 / 13줄판(一三路盤)의 대국

제 1 보 ······························ 158
제 2 보 ······························ 159
제 3 보 ······························ 160
제 4 보 ······························ 161
제 5 보 ······························ 162
제 6 보 ······························ 164

*차 례

제 7 보 ······································· 165
제 8 보 ······································· 166
제 9 보 ······································· 167
제10보 ······································· 168
제11보 ······································· 169
제12보 ······································· 170
제13보 ······································· 171
단급(段級)과 핸디캡 ························· 171

부록 / 초급 테스트 40문

초급 테스트에 도전하자························· 174
정해··· 192
● 전적표(戰績表)······························· 196

제1장

바둑 입문과 루울

간단하게 둘 수 있다

빨리 바둑을 시작하자고 하고서도 일반적인 게임과는 거리가 먼 이런 어려운 것을, 그리 간단하게 생각할 수 없지 않는가. 많은 사람들은 그 선입관념으로 바둑입문에 두 발을 딛는다.

사실 남이 바둑을 두고 있는 것을 보더라도 무엇을 하고 있는지 영문을 모르면 짐작도 가지 않는다. 흑과 백이 뒤죽박죽 뒤섞여 있고, 어려운 게임일 거라고 생각할 것이 뻔하다.

그렇지만 바둑이란 이런 게임이라는 개념을 알고 루울을 알고서 남이 바둑을 두고 있는 것을 보면, 뭐 그 정도야, 하고 자신은 한번도 바둑을 둔 일이 없어도 보고 있으면 희미하게 알 것 같은 기분이 들 것이다.

바둑이란 마치 엉킨 실을 푸는 것과 흡사해서 보는 것 만으로도 진절머리가 나서 손을 대지 못하고 내던져 버리면 그것으로 끝, 하나의 실마리를 찾으면 믿을 수 없을 정도로 술술 풀리는 것이다.

4 살, 5 살짜리 어린아이도 바로 바둑을 둘 수 있을 정도로 바둑은 쉬운 것이다.

바둑이 어렵다고 하는 것은 어쩌면 어떻게 하면 더 잘 둘 수 있을까, 하는 것으로 바둑을 둘 수 있을 정도는 장기나 마작을 배우기 보다 훨씬 쉽다.

그럼 바둑이란 어떤 것인가. 정말로 그렇게 쉽게 둘 수 있을까.

바둑은 땅따먹기 게임이다

한마디로 말한다면 바둑이란 경기자 두 사람에 의한 땅따먹기 게임이다.

어릴적, 땅바닥에 엄지 손가락을 대고 둥글게 원을 그려 그것을 초크 같은 것으로 덧그려 땅을 차지하는 그런 놀이를 한 일이 있을 것이다.

그렇다. 그 게임을 바둑돌로 그려가는 게임이라고 생각하면 그 개략을 아는데 제일 좋을 것이다.

단, 혼자 계속해서 둘 수는 없으므로 그렇게 생각대로 그릴 수 있느냐 하는 것이다.

서로 자기좋을대로만 구도, 집을 만들어 싸움도 아무것도 없이 아주 평화스럽게 집의 비교로 끝나는 일도 있을 것이다. 또——

서로 상대의 구도를 방해하기도, 당하기도 함으로써 당연히 싸움이 일어나고 싸움만으로 시종(始終)하는 일도 있을 것이다. 또——

평화인가 하면 싸움이 되고, 싸움인가 하면 평화가 되는 기복이 풍부한 바둑이 되는 일도 있을 것이다.

그 어느쪽이 좋으냐? 그것은 모두 일국의 바둑. 어떤 경우도 있을 수 있다고 밖에 말할 수 없다.

바둑의 개략은 이상이다.

그럼, 어떤 게임이든 반드시 몇 가지 루울이 있듯이, 바둑에도 역시 몇 가지 루울이 있다.

우선 다음 사항을 살펴보고 이야기하자.

루울은 다섯가지

1. 서로 한번씩 둔다.
2. 승부의 결정은 집이 많은 쪽이 승리이다.
3. 돌을 딴다. 빼앗긴다는 싸움 위에 루울이 있다.
4. 두어서는 안될 착수(着手) 금지법이 있다.
5. 패는 바로 되찾을 수 없는 루울이 있다.

대강은 이상과 같으나, 그 밖에 흑부터 두기 시작한다든가(핸디캡 게임의 경우는 백부터 두기 시작한다), 돌을 두는 곳은 선과 선의 교점(交点)이라든가, 둔 돌은 다른 곳으로 이동할 수 없다는 등등이 있다.

어쨌든 루울은 겨우 이것뿐이다. 이 루울을 이해할 수 있으면 바로 바둑을 시작할 수 있으나, 다른 게임과 크게 다른 점은 이 루울을 보고 알 수 있는 것은 처음의 1 뿐이고, 집이란 무엇인가? 잡는다, 빼앗긴다는 것이란? 착수금지점이란? 패란? 모든 항목에 의문이 가는 이상, 이 루울을 보아도 대체 무엇인지 전혀 알 수 없을 것이다. 이 ?(의문)를 해명하지 않고는 손을 댈 수 없는 것이다.

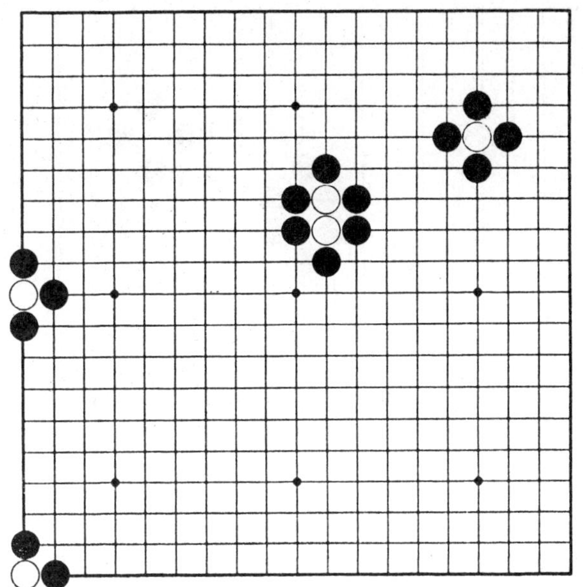

1도

이렇게 해서 돌을 딴다

돌을 따는 방법을 먼저 알아 보자. 이것을 아는 것이 바둑을 아는데 연결된다.

돌을 딴다?는 것이 무엇을 뜻하는 것인지 느낄 수 있게 되면 바둑을 둘 수 있게 된다.

1도

우상귀 여기서 백 한 점을 흑이 딸 수가 있다.

중앙 백 두 점의 경우이다. 상대의 돌을 빈틈없이 에워싸면 딸 수 있다.

좌변 판끝(盤端)은 이렇게 백을 딸 수 있다. 여기서 빈틈은 없다.

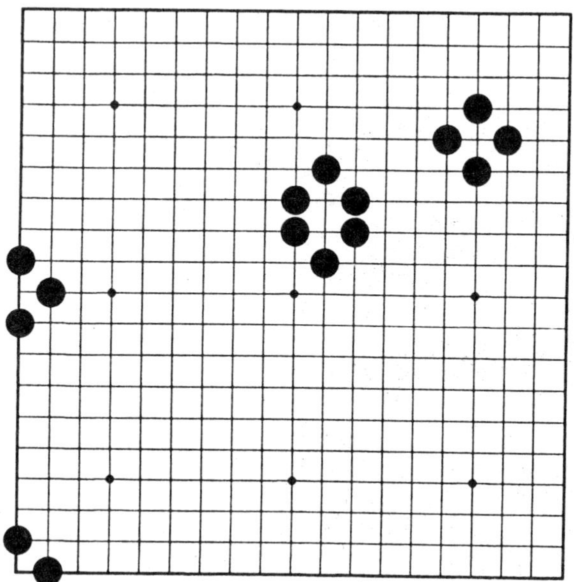

좌하귀 귀는 이렇게 딸 수 있다.

각 도(各図) 이렇게 되면 백돌을 바로 따고,

2도

판위(盤上)는 이렇게 되어 있지 않으면 안된다.

딴 백돌을 자신의 바둑통 뚜껑에 모아 둔다. 이 딴 백돌은 바둑이 끝났을 때 상대의 진지를 메우는데 이용된다.

그런 것은 많이 따면 딸수록 좋다.

이 돌을 따는 요령을 알았으면 바로 응용 문제를 해 보면 이해가 쉬울 것이다.

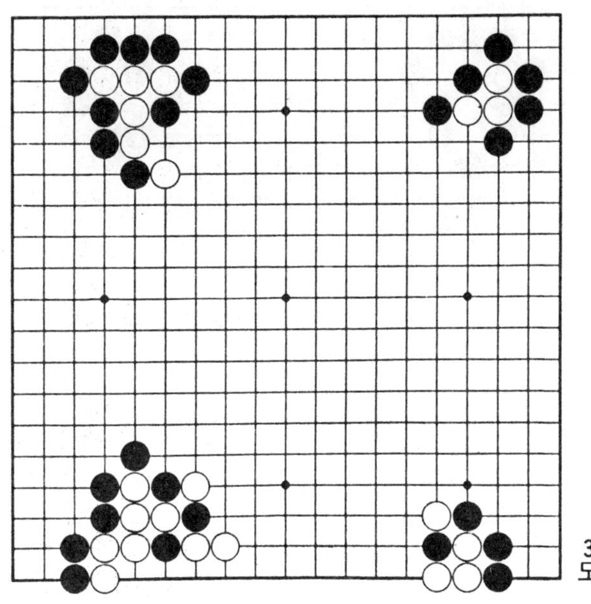

3도

흑선에서 어떻게 두면 백을 딸 수 있을까.

각 도가 모두 딸 수 있는 일보직전에서 단수인 상태이다.

이것은 바둑을 전혀 모르는 4, 5살 아이라도 1도의 요령만 알면 아주 쉽게 이해할 수 있는 것으로, 그것을 알 수 없다, 할 수 없다고는 하지 않을 것이다. 그것은 미지의 세계에서 첫 경험이므로 우하귀, 혹은 좌하귀 등 눈에 익숙하지 않기 때문에 정해(正解)가 나오기까지 시간이 걸린다는 것이 허용된다고 하더라도 말이다.

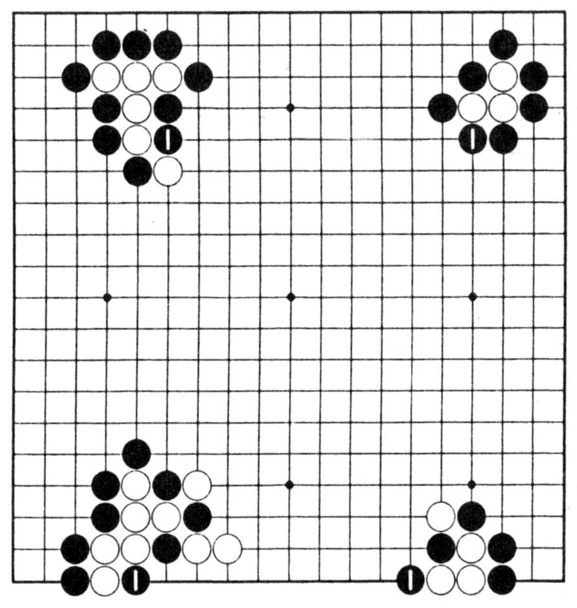

4도

각 도 모두 흑 1이 정해이다. 전부 정해가 되었는가.

이렇게 두면 바로 딴 백돌을 판 위에서 없애고 바둑통 뚜껑에 넣어 둔다.

좀더 확실히 하기 위해 딴 백돌의 수는,

우상귀 백 3 점

좌상귀 백 5 점

우하귀 백 3 점

좌하귀 백 6 점

이다. 따지 못한 돌까지 이어서 가져 가는 일이 없도록 주의하자.

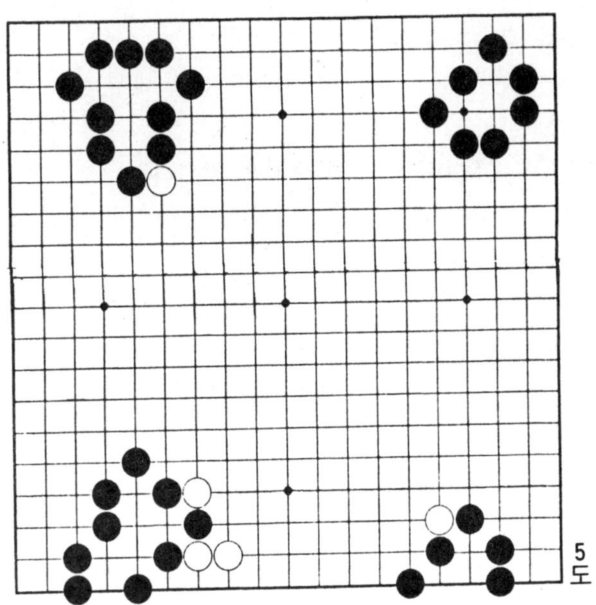

5도

전도(前図)가 정해가 되면 판 위는 각 도 모두 이렇게 되어 있어야 한다.

그 딴 흔적을 살펴 보면 흑이 에워싼 속, 그것이 흑집이다.

그러므로 집이라고 하는 것은 상대의 돌을 따면 그 흔적이 자신의 집이 된다는 것이다.

덤으로 메우는 돌도 늘려 가고, 따면 딸수록 좋은 결과가 된다.

초심자끼리 처음 둘 때는 이 돌의 뺏기 경쟁만으로 판과 돌에 익숙해지는데 신경써도 좋을 것이다.

돌을 따는 가치

1. 딴 돌은 바둑이 끝나면 상대의 집을 메우는데 이용한다.

2. 딴 흔적(5도)이 흑이 에워싼 집이다.

3. 딴 주변의 집이 구축에 편리하며, 또 싸움이 되었을 때 유리하다.

라는 이유로 딴다는 것은 이렇게 좋은 것이다.

이 중에서도 딴 주변이 가장 가치가 있다는 것도 알아 두자.

그럼 여기서 다시 한 번 루울을 반복해 본다.

집이란 어떤 것인가? 라는 수수께끼가 이것으로 풀렸다고 해도 좋을 것이다.

요는 상대의 돌을 따면 집이 생긴다는 것이다. 물론 자기 혼자서 집을 에워싸는(상대의 돌을 따지 않고)일도 있다고 해도…

어쨌든 따면 판 위에서 적병력이 적어지는 것이므로 이치를 따져서 따서 나쁠 이유는 없는 것이다.

돌을 따고, 빼앗기는 싸움의 루울은 이러한 것이었다. 동시에 집이란 의문도 풀렸다.

그럼, 이 두 가지 루울이 해명되면 착수금지점과 패의 수수께끼를 뒷전으로 해도 바둑의 대충은 둘 수 있다고 해도 될 정도이다.

여기서는 순서에 따라 남은 수수께끼의 해명을 서두르기로 하지만…

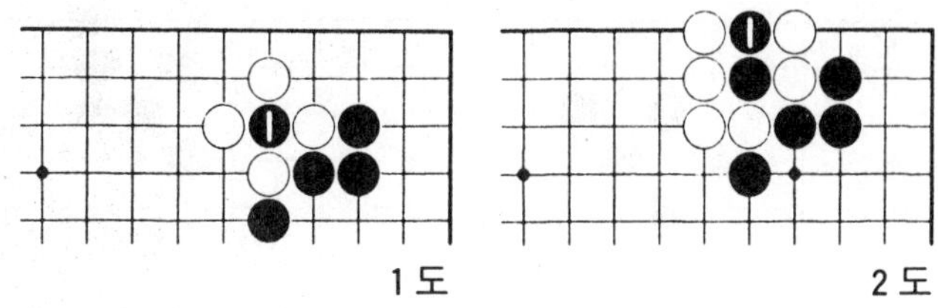
1도　　2도

이것이 착수 금지점이다

1도

흑 1로 두었다고 하자. 백의 어느 돌도 딸 수 없다.

그리고 자신의 돌이 빼앗기는 상태가 된다. 이런 곳에 두는 수, 이것이 착수 금지점이다.

2도

흑 1로 두면 여기도 두어서는 안되는 착수 금지점이다.

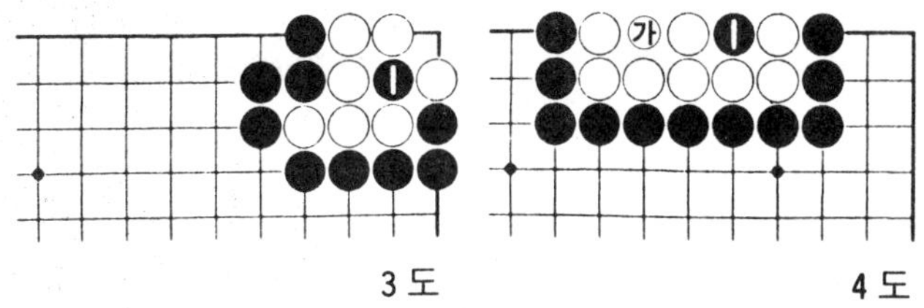

3도　　4도

3도 · 4도

흑 1은 착수 금지점.

흑 1에서 흑가의 방향으로 두어도 같다.

흑은 백을 포위하고 있으나 이것은 '두 집이 생기는 모양'으로 백을 딸 수 없다.

착수 금지점이란 이런 곳이다.

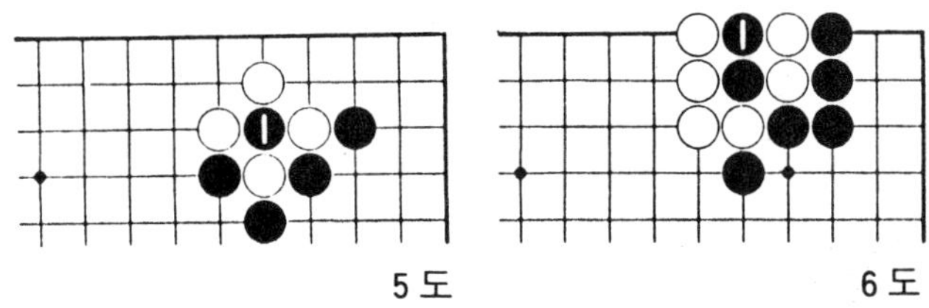

5 도　　　　6 도

금지점과 비슷하나 다른 것이다

5도

흑 1 로 두면 백 한 점이 빼앗긴다. 이런 때에는 착수 금지점이 되지 않는다.

6도

흑 1 로 둔다.

그것은 그렇게 두면 백 2 점을 딸 수가 있기 때문이다. 이것도 2 도와 잘 비교하여 살펴보라.

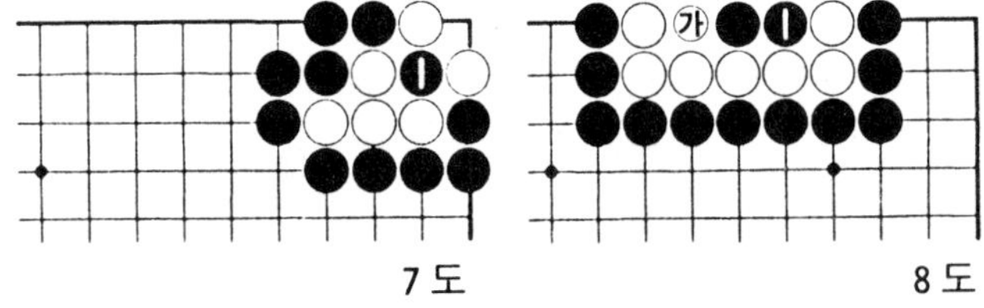

7 도　　　　8 도

7도

흑 1 로 두어 백 4 점을 딸 수 있다.

3 도의 금지점과의 차이를 잘 살펴보라.

8도

완전포위한 백은 '죽은 형(死型)' 으로 되어 있다.

이대로 방치해 두어도 백을 딸 수 있으나(마지막에), 흑 1 도 착수 금지점이 아니라는 것을 나타낸 것이다.

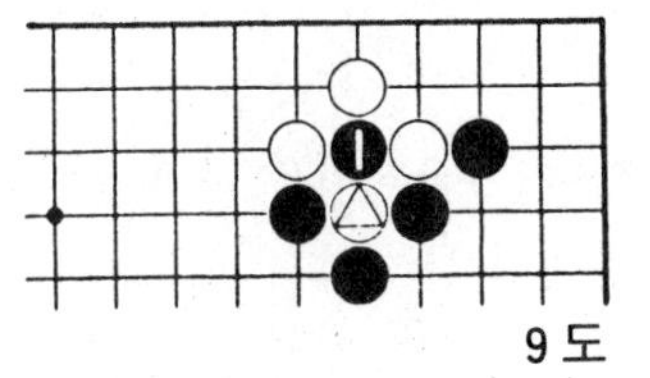
9도

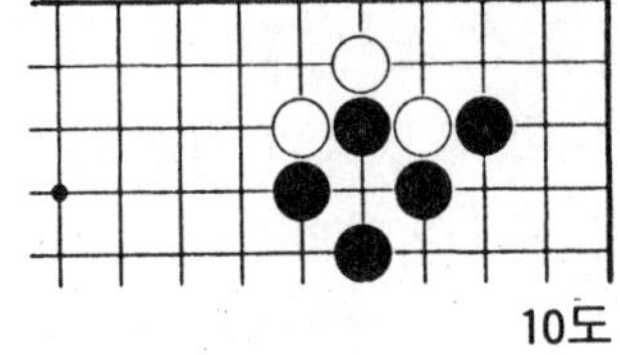
10도

패는 곧 되찾을 수 없다

9도

흑1로 두어 백◬를 딸 수 있다는 것은 이미 5도에서 알았다. 백 1점을 따고——

10도

판 위는 이렇게 되어 있다.—그럼, 이번에는 백이 둘 차례이다.

11도

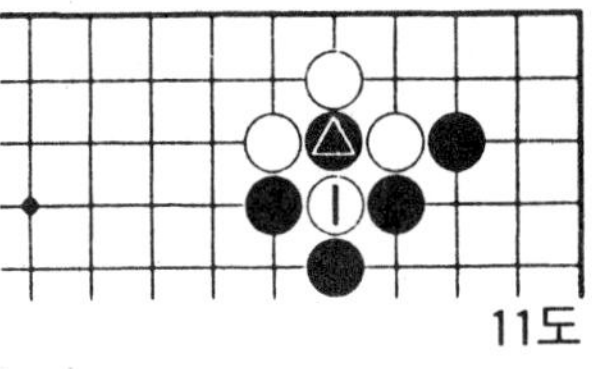
11도

백1로 두어 흑●를 딴다. 그것은 착수 금지점이 아니다.

또 흑이 ●에 두고 백 1점을 따고, 이어서 백이 또 1로 두어 흑 1점을 따고, 서로 양보하지 않으면 언제까지고 같은 것이 반복될 것이라는 것을.

즉, 한쪽이 두면(이 경우 9도의 흑1로 하자) 다른 쪽은 바로 되찾아서는 안된다는 것이다. 11도 백1에서는 따라서 이 이외의 다른 어디로에 두지 않으면 안된다.

관전 입문법

루울에 쓰여진 집? 돌을 딴다? 금지점? 패? 그런 개략을 알면 루울지식에 관해서는 그럭저럭 되었고, 다시 한번 루울을 잘 읽어 보고, 기회가 있으면 말하지 않고 두번, 세번 남이 바둑을 두고 있는 것을 보는 것이 가장 빠른 입문법임에 틀림없다.

지금까지 영문을 알 수 없던 바둑이 이 루울 지식만으로 아, 거기에 흑은 진지를 만들려고 하고 있구나라든가, 백은 세력을 넓히고 있구나, 흑이 싸움을 걸려고 쳐들어 가는구나, 백이 공격을 받았구나, 흑이 필사의 도주를 시도하는구나, 등등 기술적인 것과 자세한 것을 모르더라도 무엇을 하려고 하는지 정도는 희미하게라도 알 것 같은 기분이 들 것이다.

현재 바둑을 두는 대부분의 사람들은 이 관전 입문법으로 자기도 모르는 사이에 바둑을 두게 되었다. 그 정도일 뿐, 그들은 입문자에게는 어떻게 가르치면 좋을까, 정직하게 말해 모르는 사람이 많다.

그 관전해야할 바둑은 가능하다면,

1. 하수인 사람들끼리 두는 바둑.
2. 일국 1시간 이내로 끝나는 빠른 바둑.

이 두 가지 조건에 맞는 바둑이라면 크게 참고도 되고 이해도 쉬울 것이다.

텔레비젼 방영의 바둑 따위는 고도의 대국, 고도의 해설이 많으나, 그래도 보고 있으면 자기도 모르게 어떻게 하고 있는지 알 수 있을 것이다.

여기서는 가로, 세로 9줄의 통칭 '아홉 줄 바둑판'에서의 대국을 관전하기로 한다.

정식의 바둑판은 가로, 세로 19줄이지만 갑자기 정식의 바둑판을 접하는 것은 국면(局面)이 너무 넓어 이해하기 어려우므로 빨리 바둑을 이해하기 위해서는 우선 '아홉 줄 판'에서 하는 것이 좋을 것이다.

또한 아홉 줄 판은 정식 바둑판으로 도화지용 같은 다른 것으로 구분을 지어 간단히 아홉 줄 판을 만들수 있다.

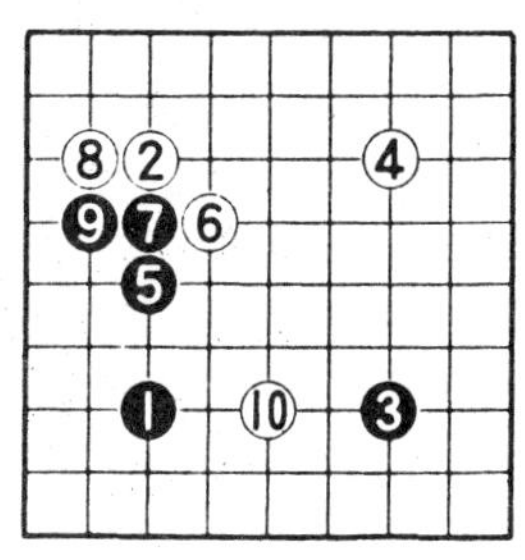
제1보

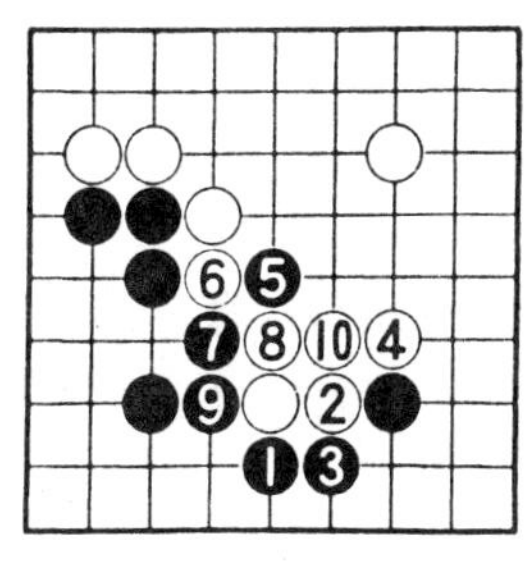
제2보

초급자전 제1국(9줄 판) 제1보

흑1에서 백10까지 차례로 둔다.

제2보

흑11에서 백20으로 진행한다.

백10, 이 이음이 중요한 곳이다.

이것을 두지 않으면 반대로 흑10이 두어 백 3점을 잃는다.

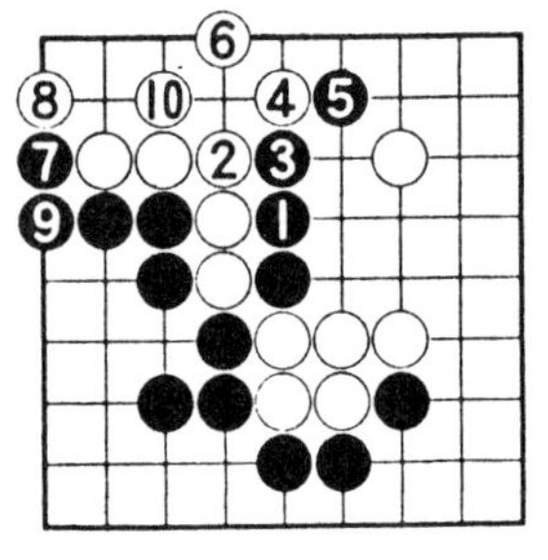

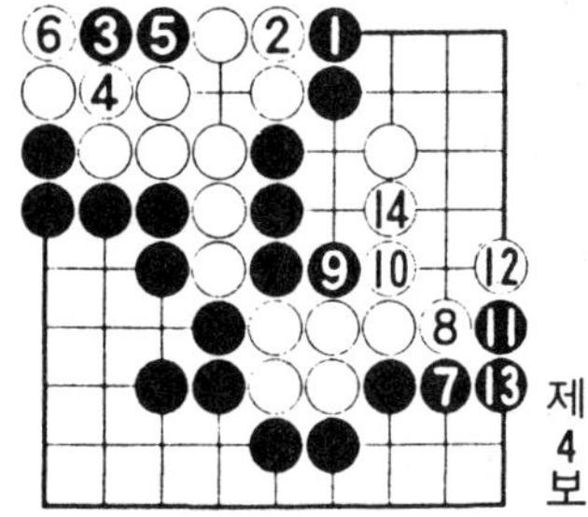

제 3 보

흑21에서 백30까지.

여기에 이르기까지 양자 모두 나쁜수가 몇 가지 있는데, 여기서는 수단의 잘잘못은 불문(不問)으로 한다.

바둑 입문의 결과는 도중 수단의 잘잘못에 있는 것이 아니고 한가지——

어디서 끝나 백 몇집 대 흑 몇집으로, 흑백 어느쪽이 몇집 이기느냐로 승부가 정해지게 된다는 것에 있다.

제 4 보

벌써 라스트이다.

흑31에서 백44까지로 끝났다.

흑 3 과 5 의 2 점은 6 에 의해 빼앗겼다. 백 6 으로 두었다면 백은 흑 3 과 5 를 판위에서 없애고, 바둑통의 뚜껑 속에 넣어 둔다.

이것으로 끝났다고 해도 처음 바둑을 접하는 사람들에게는 대체 어디를 보고 끝이라 판단하는 것일까?

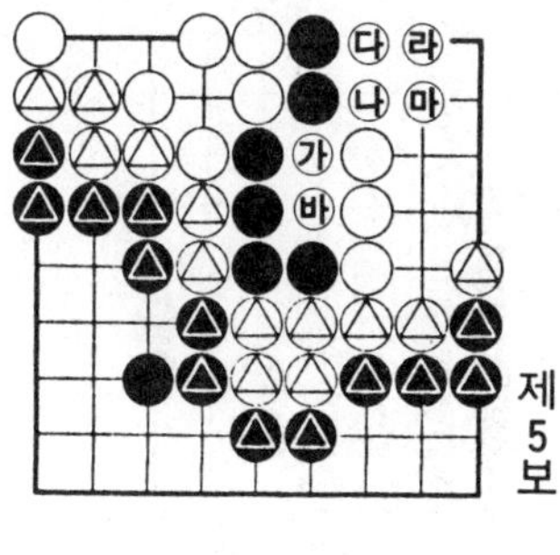

제 5 보

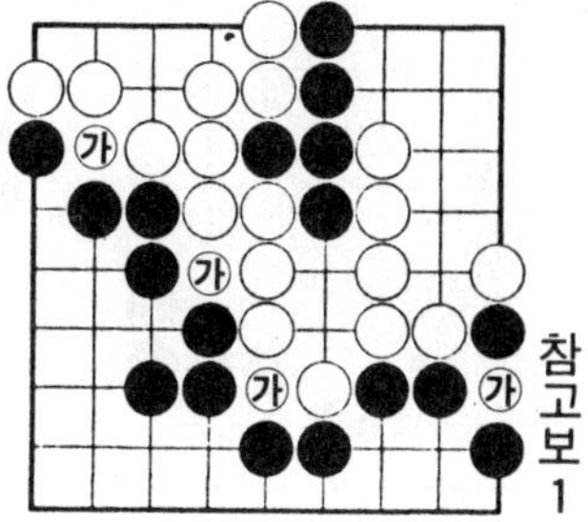

참고보 1

제 5 보

흑●와 백△=이것이 양군의 진지의 경계선이다.

이 경계선이 빽빽하게 되면 바둑은 끝나는 것이다.

중앙에서 사방에 걸친 흑 6 점. 이것은 어떻게 되어 있는가.

이것은 백의 진지 속에서 살 수 없는 돌이다.

이 후 흑이 두어도 도저히 살아날 가망이 없으나—

흑가로 두어 보자.

계속해서 백나, 흑다, 백라, 흑마, 백바로 흑 8 집은 빼앗긴다.

그래서 그 전망이 서면 흑은 포기하게 되고, 백은 이후 백가, 백바로 두어 딸 필요도 없고, 종국에는 다음 페이지 제 6 보와 같이 그대로 흑돌을 거두어 들이면 되는 것이다.

참고보 1

흑 이런 바둑이었다면 가의 점이 아직 비어 있으므로 종국이 안된다.

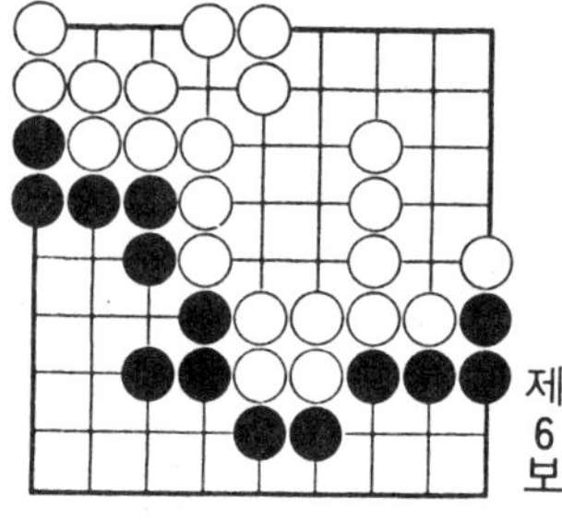

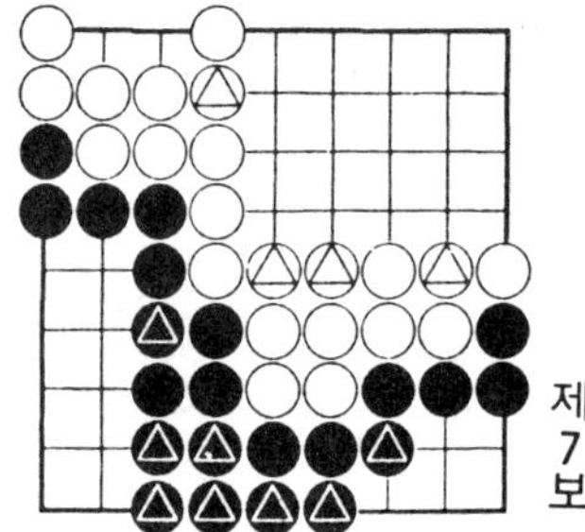

제 6 보

제 5 보에서 서로 종국이라는 것을 인정했다면 백은 이미 따놓은 흑 6 점을 거둔다.

그리고 반면(盤面)은 이와 같이 된다.

제 7 보

집의 계산을 한다.

백은 흑의 집을 만든다.

흑은 백의 집을 만든다.

먼저 백집을 만드는 쪽에서 보자. 백◬의 4 점은 전보(前譜) 제 6 보의 어딘가의 백 4 점을 이동시킨 것이다.

왜 이동시킨 것일까.

그것은 곱셈과 덧셈을 하기 쉽게 하기 위해서이다. 백집, 5 × 4 + 2 = 22집, 이 방법이라면 100집 이상의 집이 있더라도 간단히 계산할 수 있을 것이다.

흑● 8 점은 백이 딴 돌을 메운 것이다. 2 × 5 + 5 = 15집.

백 22집 대 흑 15집으로 백 7 집 승리이다.

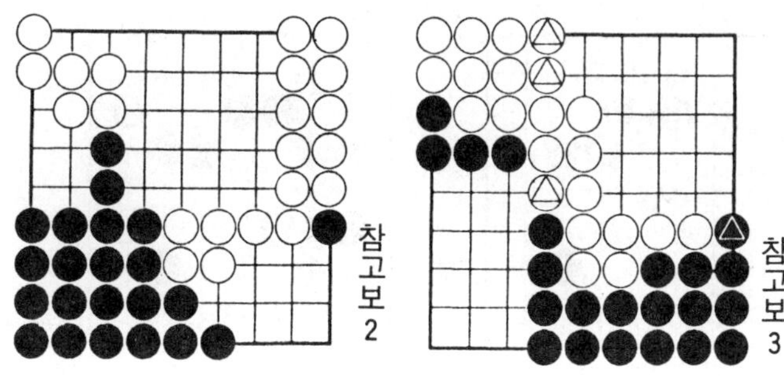

참고보 2

제 7 보로 보는 집만들기는 누가 보더라도 백집은 어느것, 흑집은 어느것이라고 분명히 알 수 있다.

그것은 집만들기에서 가능한 한 경계선의 돌을 움직이지 않는다는 것을 지키기 위한 것으로, 이 경계선의 돌을 움직여 만든 본보(本譜) (백도, 흑도)와 같이 하면 대체 어느쪽의 집이었는지도 모르게 되어 버린다.

참고보 3

서로 한군데의 집으로 정리해 보았다. 흑과 백, 경계선이 제 7 보의 완벽함에 비해 웬지 이상한 느낌이 드는 사람도 있을지 모른다. 그렇지만 계산 단계에서는 이 정도는 허용된다. 정도를 넘는 전보(前譜)는 심하지만 본보(本譜)는 흑집, 백집의 본집(目)이 확실하기 때문에 허용되는 것이다. 흑집은 3 × 5 = 15집.

백집은 역시 백◬의 2 점을 한길 오른쪽으로 옮긴 것이다.

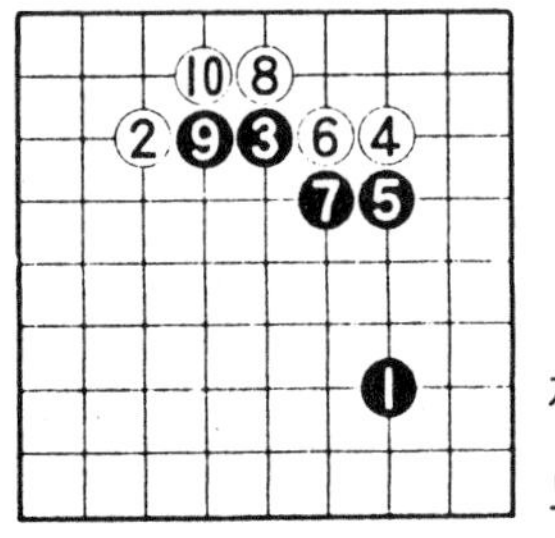

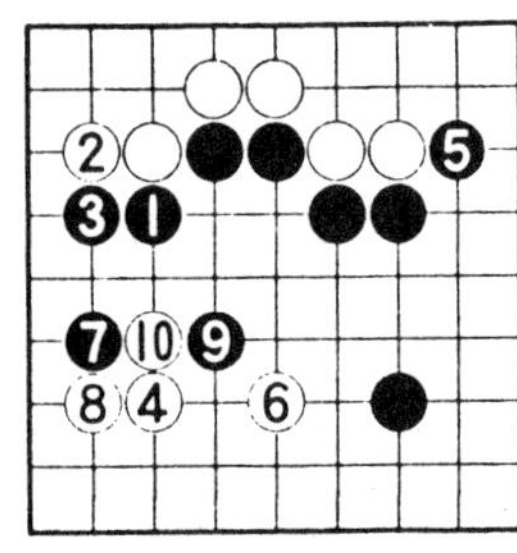

초급자전 제 2 국(9 줄 판) 제 1 보

계속해서 제 2 국을 관전해 보자.

9 줄 판(九路盤)에서의 대국 시간은 5 분 정도에서 10분 정도이다.

이 국(本局)에서부터 약간 해설을 첨가한다.

흑 **5** 로 붙여 접촉전 개시이다.

백 **6**, **8** 로 백은 연락을 꾀하고, 동시에 상방(上方)으로 어느 정도의 백집을 만들었다.

제 2 보

흑 **1**, **3** 으로서 하방(下方)으로 웅대한 모양을 만든다.

백 **4** 로 뛰어든다.

흑 **5** 로 상방 백진(白陣)으로 들어가려 한다.

백 **6** 으로 한 눈 팔지 않고, 약한 백 **4** 를 보강하여 하방으로 진지 구축을 서두른 것은 납득이 간다.

백 **4** 에서 백 **6** 으로 뛰어 떨어져 두었는데, 백진 구축의 의도를 느낄 수 있을 것이다.

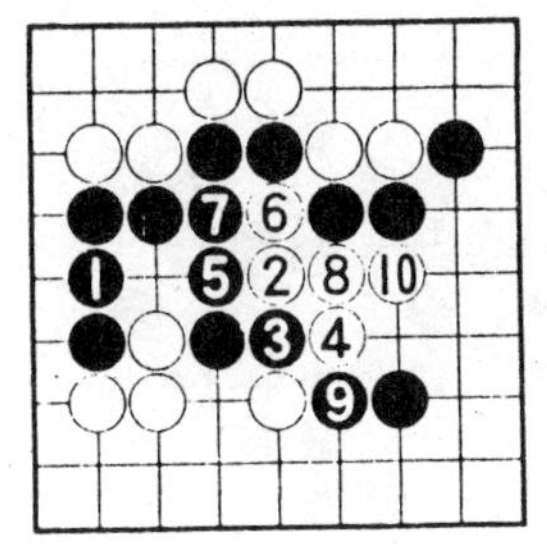

제 3 보

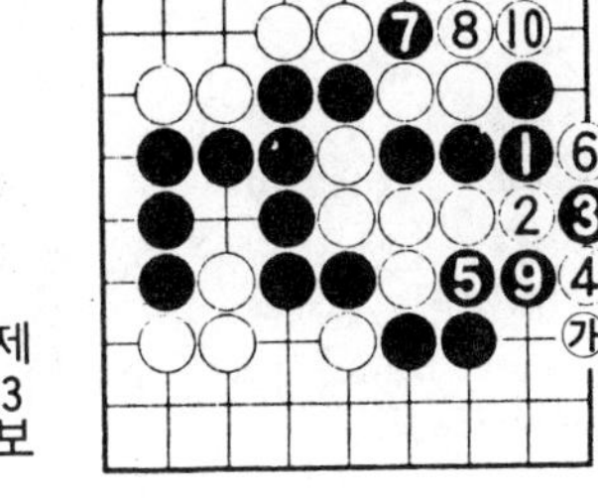

제 4 보

제 3 보

흑 3 은 6 으로 이을 수 밖에 없는 부분이었으나…

백 4 로 두었기 때문에 흑이 한번에 이 싸움의 우위에 서게 되었다.

백 4 에서 백 5 로 두면 백은 좋았을 것이다.

흑 9 의 끊음. 이것이 단호했다.

백 10 으로 발버둥쳤으나 무리이다.

이와 같은 위험한 접촉전에서는 단수에 주의하자.

지금 흑은 어딘가 단수가 되어 있는데, 알고 있는가.

제 4 보

흑 1 의 이음이 절대이다. 입문시에는 무의식 중에 따야지, 따야지 하는 마음이 앞서 자신의 단수를 무심코 흑 1 에서 흑 2 로 두어 백 5 점에 단수로 두면 백 1 로 반대로 흑 2 점을 빼앗기는 실패를 하기 쉽다.

그래서 싸움은 백 2 이하 흑 9 까지 결국 백일단(一団)은 빼앗기고 만다.

백 10 에서 백 3 으로 이어도 흑 가 에서 단수.

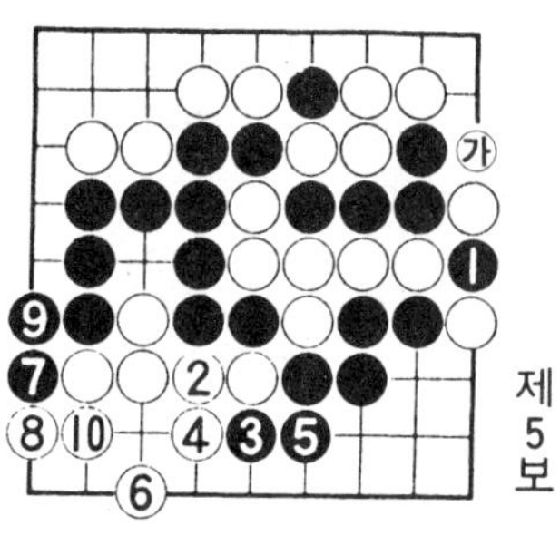

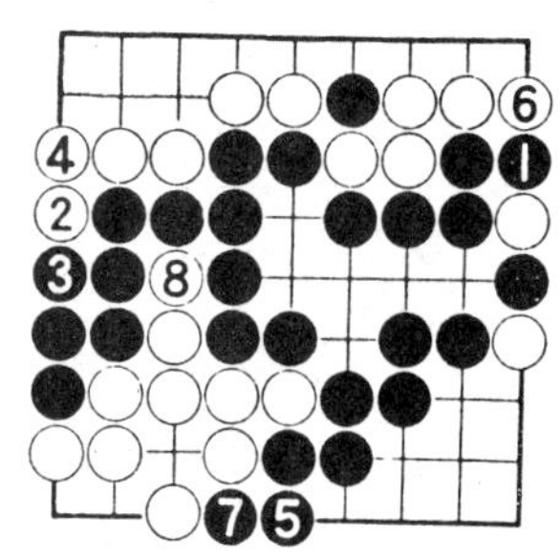

제 5 보

흑 1 로 두어 백 6 점을 따낸다. 딸 수 있을 때는 1 과 같이 구멍 속으로 들어가도 된다.

이것을 두지 않으면 백 가 로 두게 되어 흑 4 점을 빼앗겨 역전될 중요한 곳.

흑 3, 5 는 프로급의 공격 방식이었으나 흑 7, 9 로 실수했다.

끝내기로서 흑선백사(黑先白死)라 할 때, 흑 7 로 두면 된다고 생각할른지 모르겠으나 실전에서는 쉽게 죽일 수 없다.

정확히 말해서 흑 7 에서 흑 10 으로 두든가, 혹은 흑 8 로 두면 백을 죽일 수 있었을텐데….

이것은 입문자에게는 물론 어렵다.

백 10 이 되어 백 '두집으로 삶'이 확보되었다.

제 6 보

백 6 에서 종국이 되었다.

흑 7, 백 8 은 공배로 불리는 곳이다.

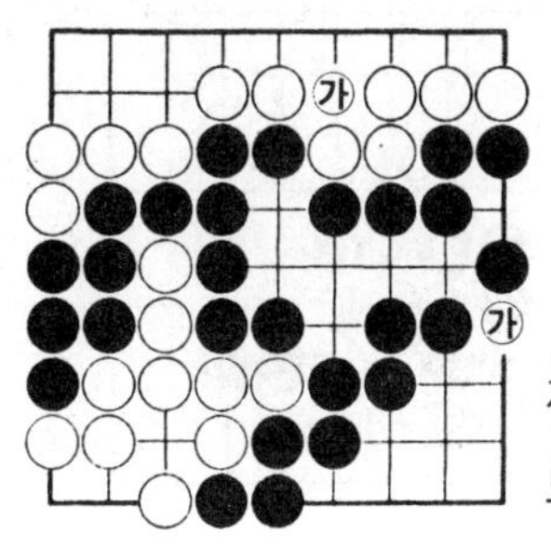

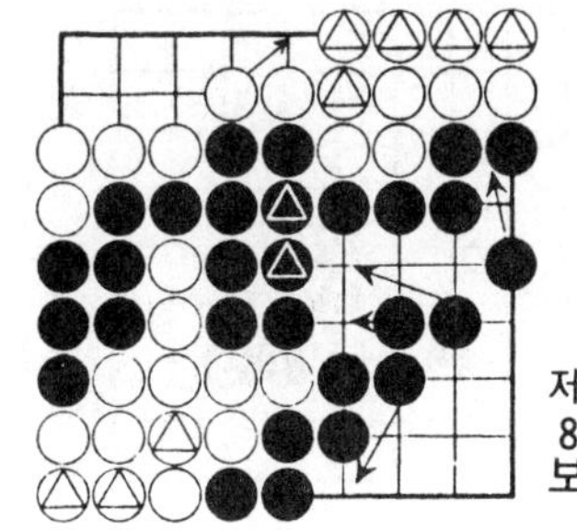

제 7 보

'공배'라는 곳은 어느쪽이 두어도 한 집도 벌 수 없는, 아무것도 될 수 없는 곳이다.

단지 경계선을 빽빽이 빈틈을 없애기 위해 두는 수이다.

본보(本譜)는 집만들기 전에 '단수'가 되어있던 돌을 따낸 곳이다(가 점의 돌).

제 8 보

흑은 따놓은 돌(백돌 8 개)를 먼저 백집내로 메운다. 백◬이 그것이다. 그리고 화살표로 이동 1 점을 거둔다. 4 × 2 = 8 집이 백집.

백은 흑집을 만든다. 흑● 2 점은 딴돌을 메우고 화살표 4 점을 이동시켜 거둔다. 3 × 5 =15집이 흑집, 15 − 8 = 흑 7 집승

처음에는 한쪽이 끝나고 나서 다른 쪽이 만들도록 하자.

익숙해지면 동시에 만들도록 한다.

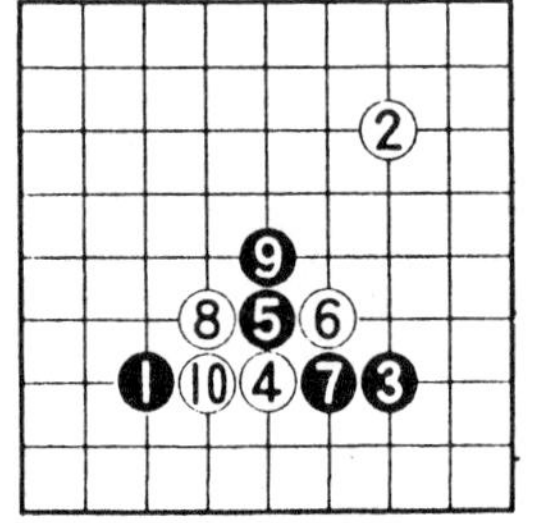

제 1 보

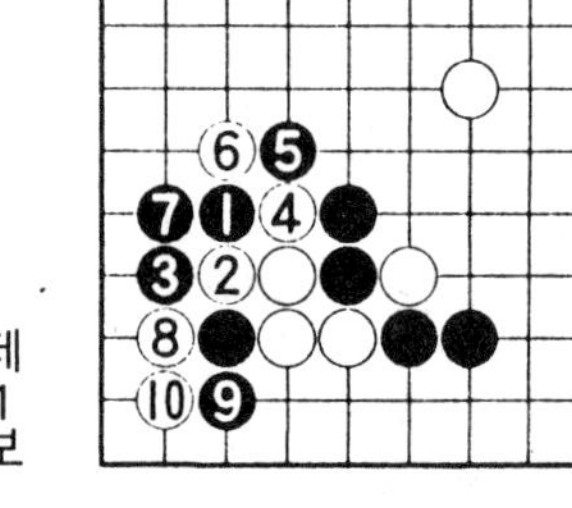

제 2 보

초급자전 제 3 국(9 줄 판) 제 1 보

입문자가 바둑을 이해하기 위한 최대의 포인트. 그것은 어떻게 해서 바둑이 끝나고, 어떻게 해서 집의 계산을 하는 것인가? 그것이다.

양자 모두 똑같이 7 집승으로 화점을 나누어 갖고, 드디어 결승전이다.

본국을 포함하여 3 국 모두 내용적으로는 아주 허술한데, 여러분도 그 허술함을 알 수 있다면 상당히 둘 수 있다는 증거일 것이다.

흑 5 로 강경한 붙임에 대해,

백 6 이하 백 10의 응접은 이 부분전에서 완벽한 것이다.

제 2 보

흑 1 이하 흑 5 로 억지로 백을 포위하여 갔다. 그렇지만 이것은 흑 난폭(乱暴)이라고 밖에 말할 수 없다.

결승의 일국에서 흑이 기를 쓰고 있는 것 같다.

그렇지만, 백도 역시 엄청난 실수를 연출하였다.

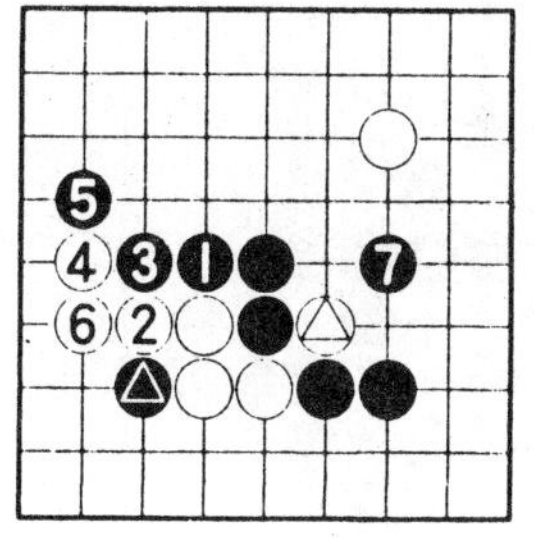
참고보 1

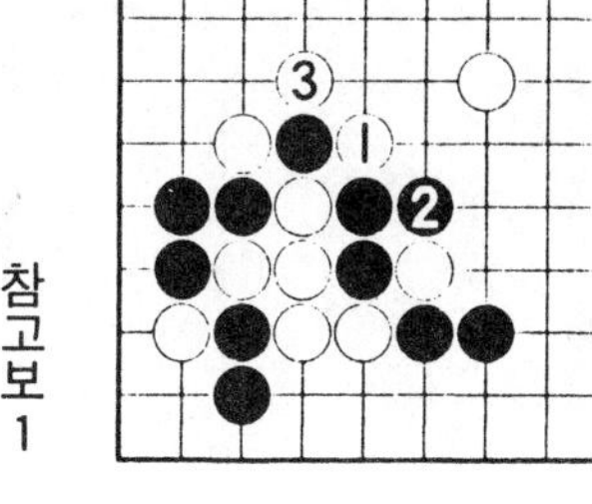
참고보 2

참고보 1

제 2 보의 흑 1 에서는 본도 흑 1, 3 으로 귀의 흑● 를 버리고, 한번에 밀어붙여 가는 편이 좋았을 것이다. 백 6 으로 귀를 확실하게 했을 때 흑 7 로 백△를 딴다. 돌을 따는 기본기의 하나이다.

이 흑 7 까지라면 승부는 이제부터라고 말하겠지만, 제 2 보 흑 1 이하 흑 5 는 흑의 포위망이 결점투성이로 어떻게 해도 되겠으나, 그 어떻게 해도 좋다는 기분이 반대로 방심을 낳기 쉽다.

제 2 보 백 10은 천국과 지옥의 갈림길. 바로 이것이야말로 패착(敗着)이다. 이것으로——

참고보 2

백 1 로 양단수를 걸치면 백필승은 틀림없다.

접촉전의 경사형의 돌이 많아지면 이 양단수라는 수단이 생겨 흑 구제불능의 전황이 되어 버린다.

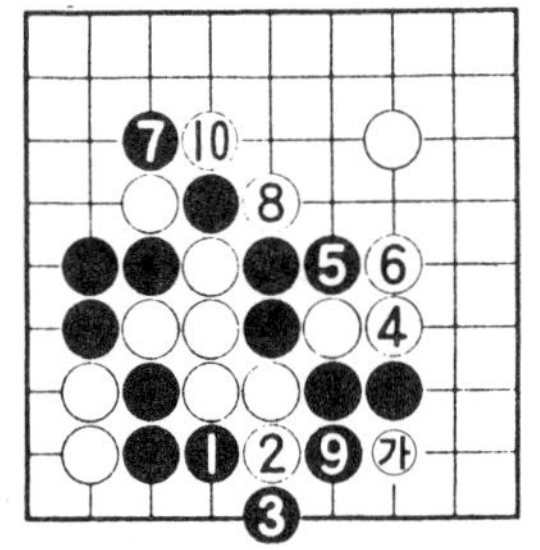

제3보

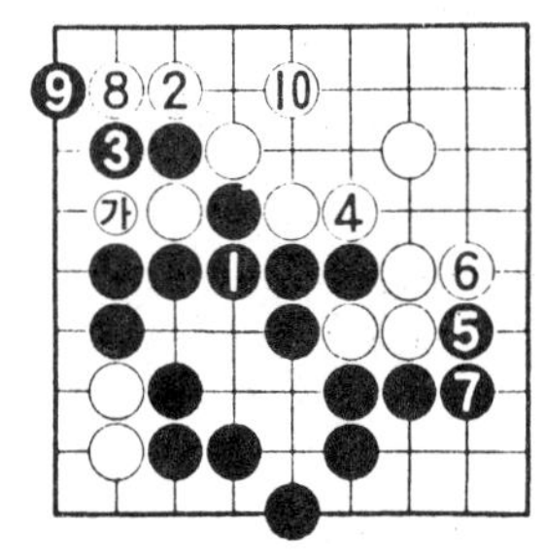

제4보

제3보

흑1로 먼저 단수를 걸어 백이 '아차' 하였으나 이 세상의 고별. 이렇게 되고 나면 이미 단수를 걸어도 먼저 말려들게 된다.

양단수는 언제 걸쳐지든 아주 사소한 방심. 그것이 백 천국에서 지옥으로 밀려 떨어지는 꼴이 되고 만 것이다.

백4에서 백9로 계속해서 도망치려 해도 흑가로 단수에 걸려 도망치는 것은 결국 불가능하다는 것을 알 것이다.

제4보

이 9줄 판에서는 특히 큰 실수는 허용되지 않는다. 큰 실수=실패와 직접 연결되기 때문이다.

흑1은 흑가로 따는 편이 더 좋았겠지만, 대세에는 전혀 영향 없다.

백2 이하 백10으로 큰 타격에도 굴하지 않고 그 뒷수습을 잘하였다.

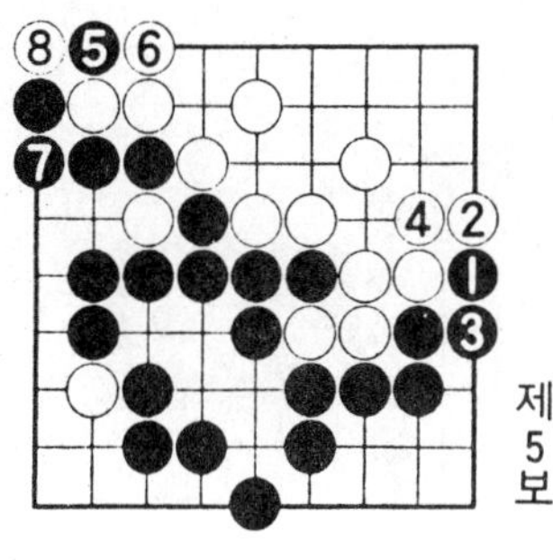
제 5 보

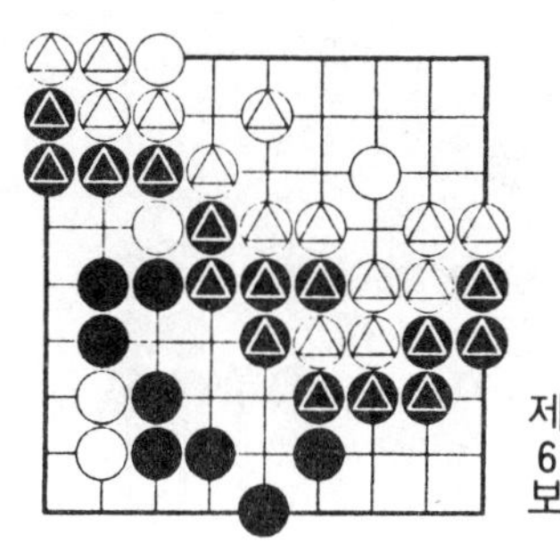
제 6 보

제 5 보

백 4 의 이음은 중요하다. 입문자는 이런 곳을 생략하는 경향이 많다.

백 4 를 생략하면 어떻게 될까.

그것은 바로 흑 4 로 끊겨 백 2 의 1 점을 빼앗겨 버린다. 그 1 을 빼앗긴다는 것은 백의 경계선을 깨고 흑의 침략을 허용한다는 것이다.

백 4 의 중요성을 확인해 두자. 종반시에 많이 나오는 문제점의 하나이다.

그래서 본국은 백 8 로 반대를 따고, 흑은 제발 이어달라고 양보하였으므로 백 5 의 점에 잇고 종국이 되었다.

여기서 다시 경계선을 보자.

제 6 보

흑▲와 백△의 경계선을 잘 살펴 보라.

여기가 확고해지면 바둑은 끝이다.

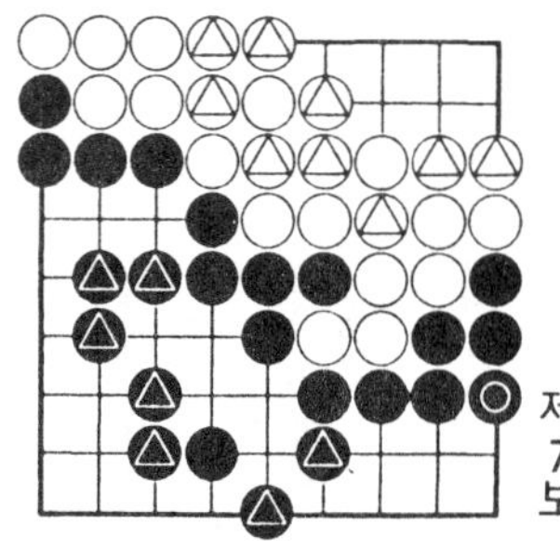

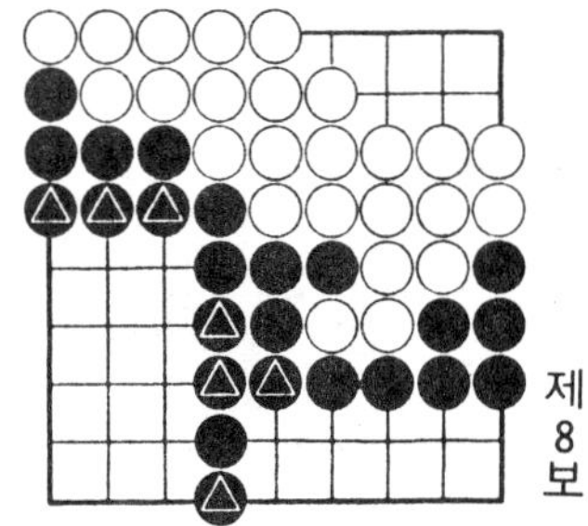

제 7 보

흑이 백집을 만들었다. 백△가 딴 돌을 메운 것이다.

돌의 이동은 없이 백집 7 집으로 만들어낸 것이다.

백이 흑집을 만들기 시작한다. 오른쪽 변에서 따낸 ◉을 메워 보았다.

그리고 흑 ▲를 이동시킨다.

이것은 어디까지나 계산을 하기 쉽게 하기 위해서이다.

답답하겠지만 경계선의 돌은 건드리지 않는 것이 중요하다.

제 8 보

전도 흑▲를 이렇게 이동시켜 방 2 개를 만들었다.

3 × 5 ＝15집, 5 × 2 ＝ 10집. 그것을 더하여 계(計) 25집이 흑집이다. 백집 7 집과 비교하여 18집 승이 되었다.

이렇게 해서 승부를 결정하는 것이다.

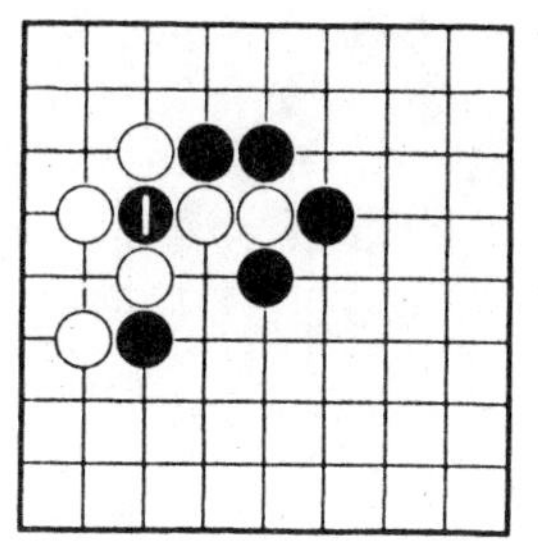
1도

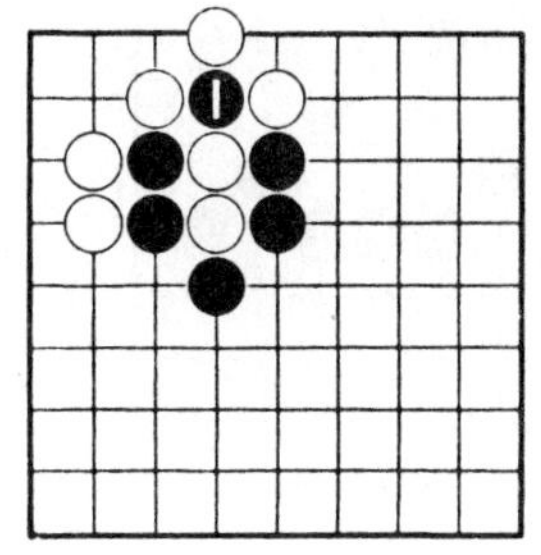
2도

루울 위반을 하지 않도록

어떤 게임이든 그렇겠지만 루울위반은 안된다. 익숙하기 전에는 이 위반하고 있는지, 하지 않는지도 분간할 수 없다. 그래서 다음에 몇가지 루울에 관한 문제를 제출해 본다.

1도(제1문)

흑1로 두었다. 이것은 루울 위반일까? 아니면 이렇게 두어도 되는가?

2도(제2문)

흑1로 두어도 루울 위반이 되지 않는 것일까?

3도(제3문)

흑1로 둘 수 있는가?
아니면 두어서는 안될까?

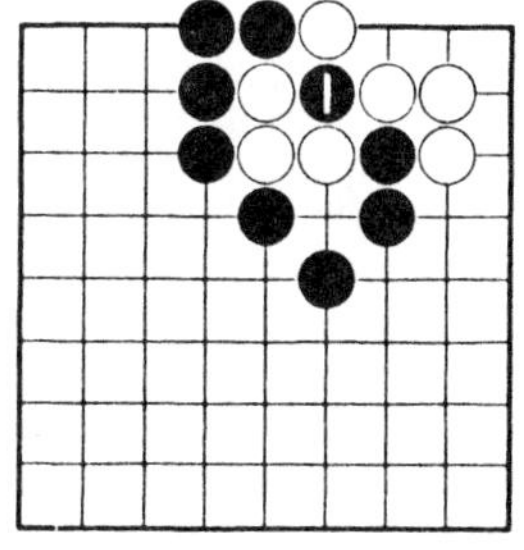
3도

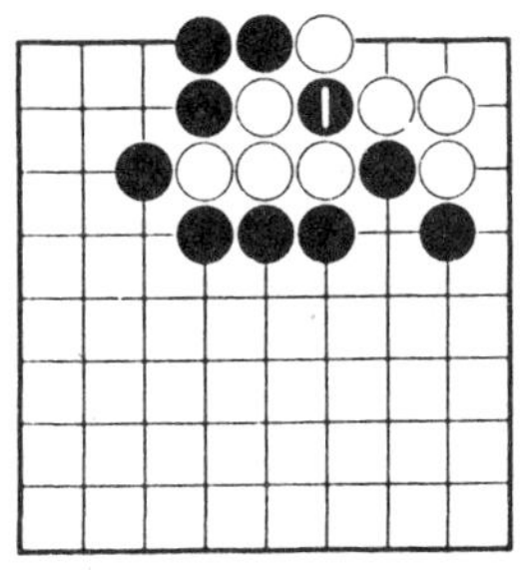

4
도

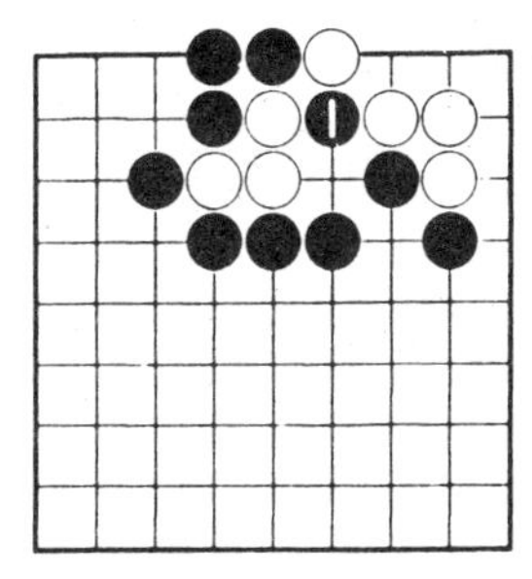

5
도

4 도 이하 10도까지, 앞페이지의 문제와 합쳐서 계 10문, 모두 흑 1 로 둘 수 있느냐, 못 하느냐?

바꾸어 말하면 루울 위반을 하고 있는 수인지 아닌지를 대답한다.

전문 정해라면 '착수 금지법'에 관해 이해한 증거가 될 것이다.

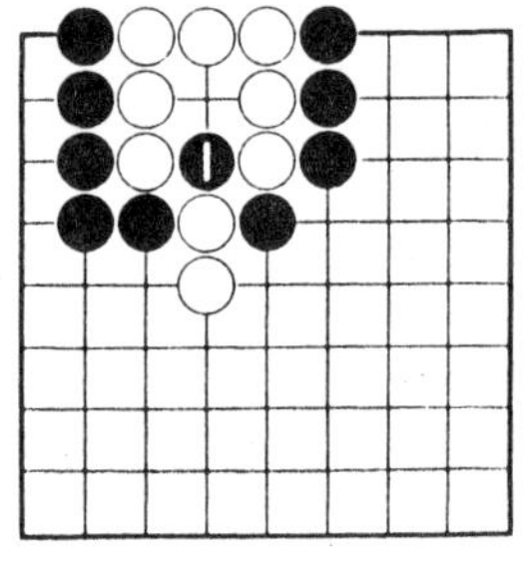

6
도

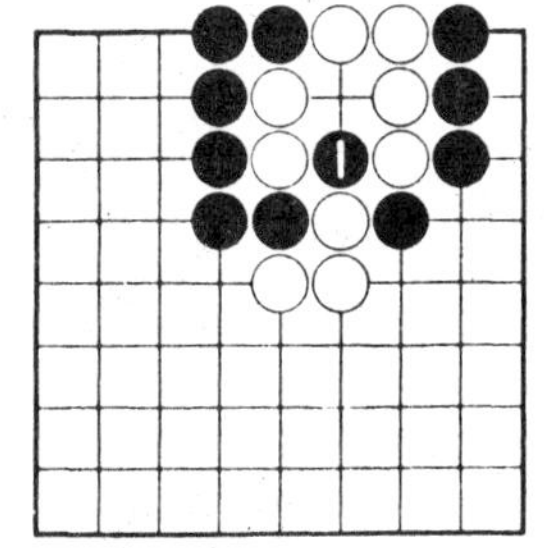

7
도

6 도, 7 도, 8 도, 9 도와 비슷한 형이지만 조금씩 다르다.

그 약간의 차이가 옳고 그름을 결정하는 것이다.

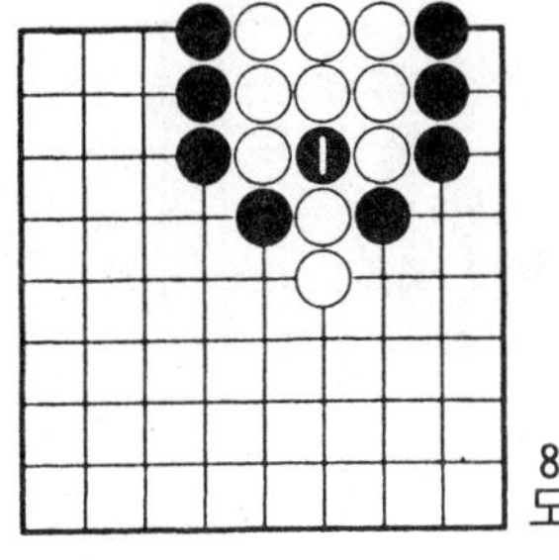

8도

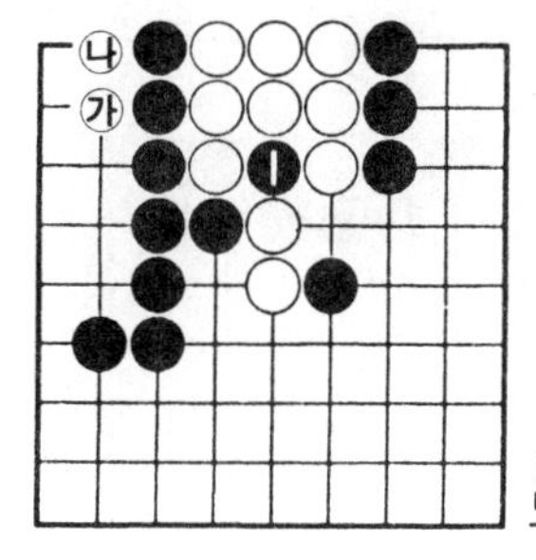

9도

10도

제10문은 흑 1 이 둘 수 있는 수인지는 물론이고, 백 2 로 둔 수에도 같은 질문을 던진다.

루울 위반의 수인가 아닌가이다.

또한 흑 3 에서는 어떻게 두면 좋은가도 이 기회에 생각해 보자.

흑 3 에서 이렇게 두면 흑이 좋아진다고 답할 수 있는가?

답

제 1 문의 답 흑 1 로 두는 것은 '착수 금지점'으로 루울 위반이다.

제 2 문의 답 흑 1 로. 두어 백 2 점을 딸 수 있다. 두어도 된다.

제 3 문의 답 흑 1 로 두어도 백을 딸 수 없다.

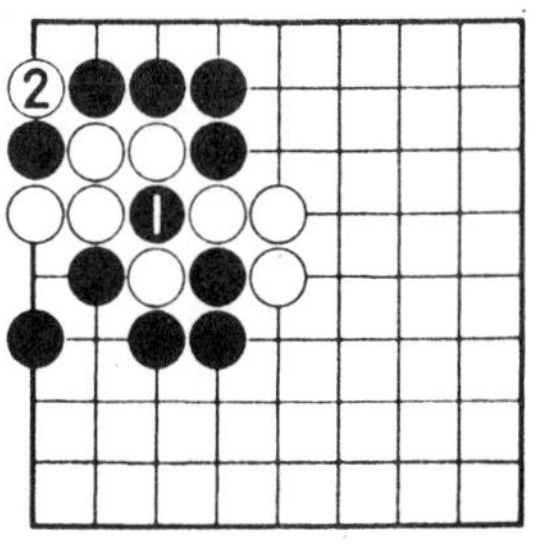

10도

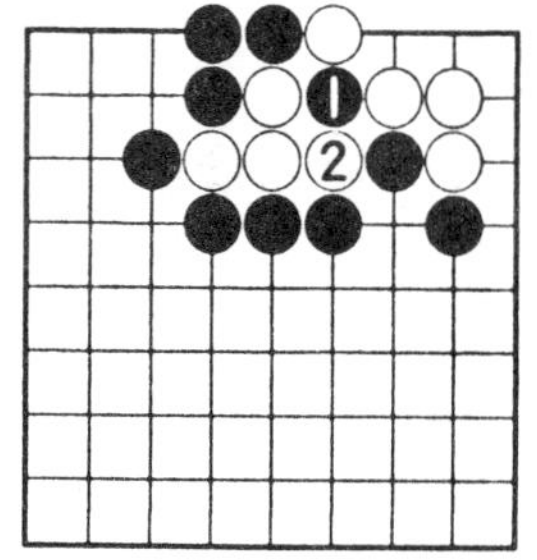

11도

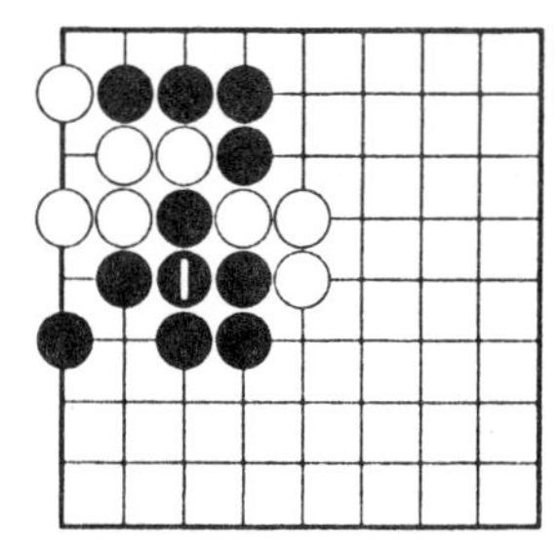

12도

제4문의 답 흑1은 백 4점을 딸 수 있으므로 이렇게 두어도 된다.

제5문의 답(11도)

흑1로 둔다. 이것은 '치고 돌아감'이라 부르는 수이며, 계속해서 백2로 두어 흑 1점을 따도 흑3으로 다시 흑1의 곳으로 두어 백 4점을 딸 수 있다.

제6문의 답 흑1로 둘 수 있다. 이것도 '치고 돌아감'의 수이다.

제7문의 답 흑1로 둘 수 있다. 이와 같이 백진 속으로 들어가도 흑1로 두는 그 돌에 빈틈이 하나라도 있으면 루울 위반은 되지 않는다.

제8문의 답 흑1로 두어 백 8집을 따도 좋다.

제9문의 답 흑1로 둘 수는 없다.

제10문의 답

12도

10도 흑1, 백2 모두 둘 수 있다. 그리고 12도와 같이 되며 흑1로 이어 백 5점이 죽게 된다.

제2장

쉬운 기초 지식

1도

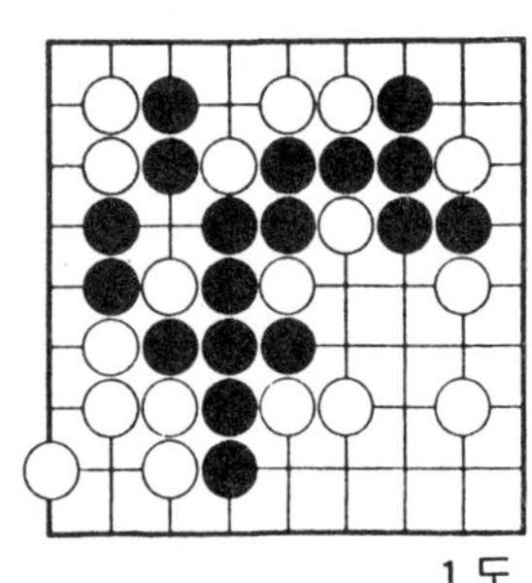
1도

이 그림을 잘 보면 이 바둑은 어디가 우세인지 알겠는가?

또 누가 어떻게 우세한가, 이유를 똑바로 대답할 수 있지 않으면 안된다.

그 이유는 흑은 전군(全軍) 연속해서 전혀 위태롭지 않다는 것. 대적하는 백은 전군 뿔뿔이 흩어져 연락이 없고, 백·흑이 접촉하고 있는 곳이 이미 흑의 포위 속으로 들어가 도저히 살 수 없을 돌과 단수로 되어, 다음에 빼앗기는 돌, 좌하귀의 백은 죽을 것 같은 구제불능의 참상을 나타내고 있는 것이다.

이 흑·백의 좋고 나쁨을 알 수 있다면 그것은 바둑을 아직 둔 일이 없어도 바둑을 보는 눈이 있다고 해도 될 것이다.

반대로 도저히 모르겠다는 사람은 바둑이란 이렇게 해서 그 우열을 판단한다는 것을 알아둘 필요가 있다. 흑은 연결되고, 백은 끊기고 있다. 이 '끊음과 이음'이라는 것이 어떠한 것인가, 어떤 중요성을 가지고 있는가, 흑·백의 접촉이 있으면 반드시 라고 해도 이 문제를 먼저 해명하는 것이 바둑을 앞으로 시작하는 분들을 위한 예비지식으로서도 중요한 일이다.

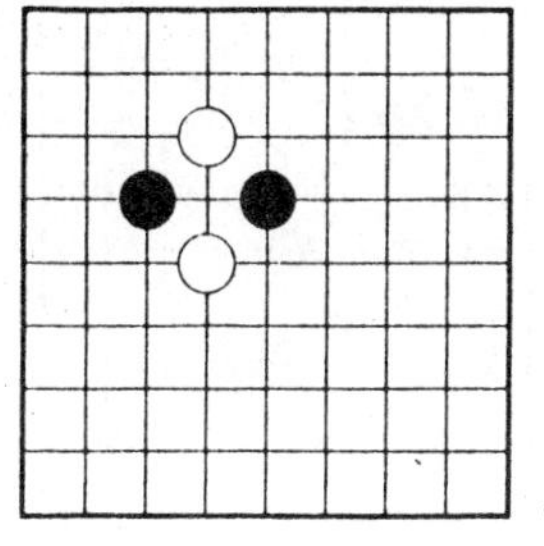
1도

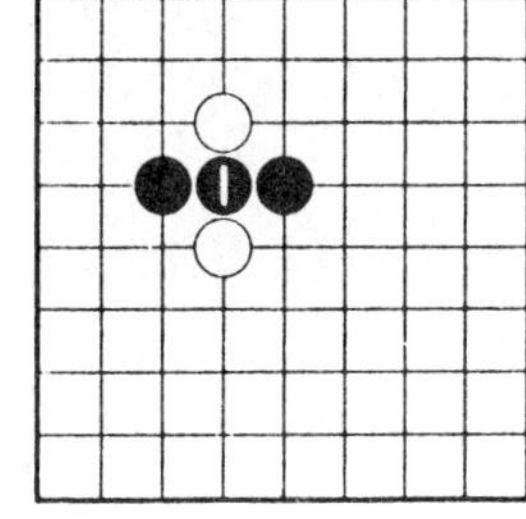

2도

끊음과 이음(절단과 연속)

서론에서 과장해서 말했으므로, 독자는 이런 뛰어나고 어려운 것을 공부하지 않으면 안되는가 하고 생각하였을지도 모른다.

1도

흑이 선두로 어떻게 두면 흑이 이어지고, 백이 2분될까.

2도

흑1의 정해는 말할 것도 없이 3살짜리 어린애라도 알 것이다.

흑이음, 백을 2분한다. 또한 일석이조(一石二鳥)의 큰 곳, 그것이 흑1이다. 다시 자세하게 설명을 붙인다면 이 한 수로 흑은 연속해서 튼튼한 돌이 되고, 백은 2분되어 약체화한다.

이런 중요한 수를 간과해서는 안된다.

반대로 1의 점을 백이 두면 입장은 역전된다.

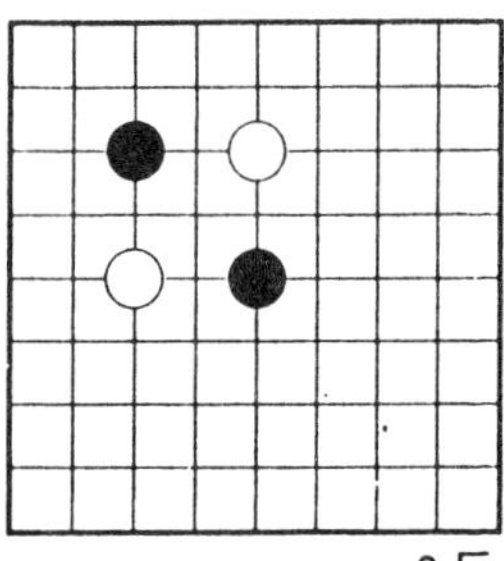
3 도

3 도

이것도 끊음과 이음의 문제이다.

흑 선두, 다음의 한 수는?

4 도

흑 1 이 정해이다.

흑이 연속되고, 백은 2 분되고 있다는 것은 쉽게 이해할 수 있을 것이다.

그러나 흑은 비스듬히 두고 있다.

비스듬히 두어도 연속할 수 있을까?

접촉전에서 비스듬한 돌은 위험스럽기 마련이었다.

정말로 이것으로 연속하고 있는지 알아 보자.

5 도

백 1 로 두어 본다. 이 백 1 의 의도가 어디에 있는지 간파하지 않으면 다음의 흑이 두는 수도 불명이 될 것이다. 그럼 흑 2 는?

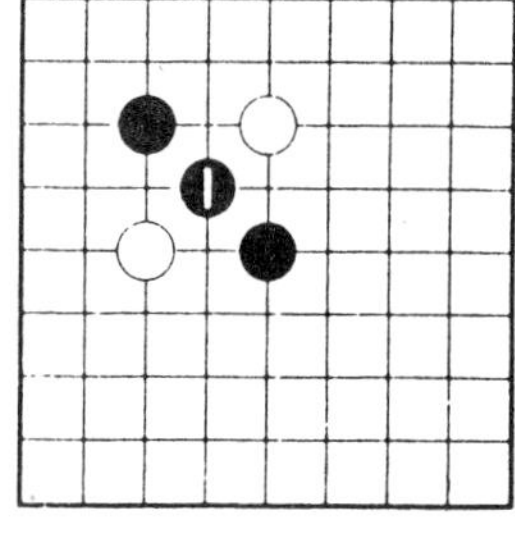

4 도

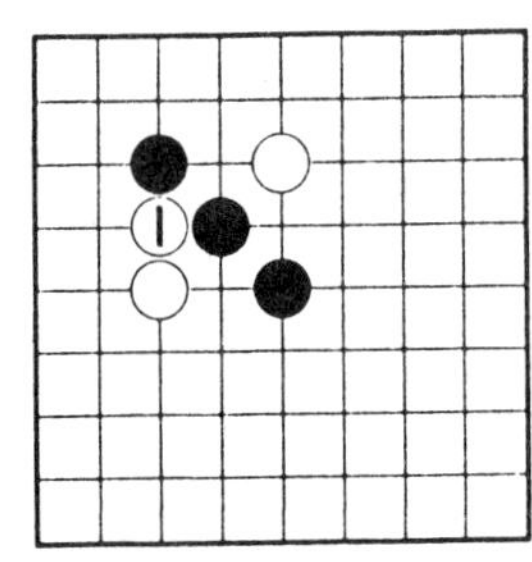

5 도

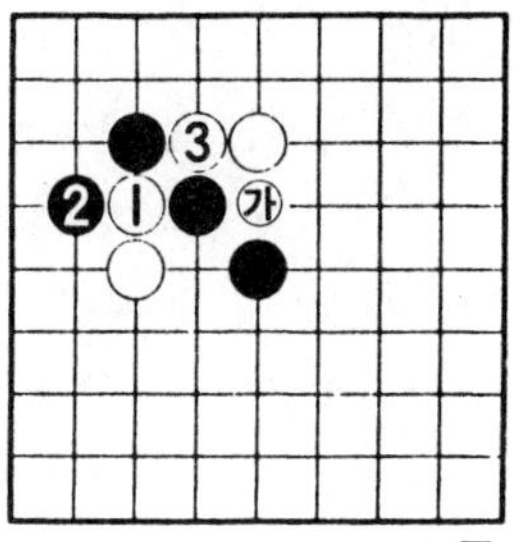

6도

6도

백1의 뜻은 흑을 끊겠다고 나오는 것이다. 어디가 끊길지 모르면 곤난하다.

흑2는 백의 의도를 모르는 증거이다.

백3으로 이곳을 끊는다.

7도

정해는 이곳. 흑2의 이음, 이것을 이해할 수 있다면 백3에 대해서도 흑4로 제대로 이을 수 있게 된다.

8도

백1, 3등 흑을 끊으러 오지도 않는데 흑2, 4로 두는 것은 6도 예와 반대로 지나치게 경계한 흑의 불필요한 수이며 나쁜 수이다.

1도와 3도는 끊음과 이음의 기본형이며, 실전에서도 이와 같이 단순한 형의 경우는 적지 않다.

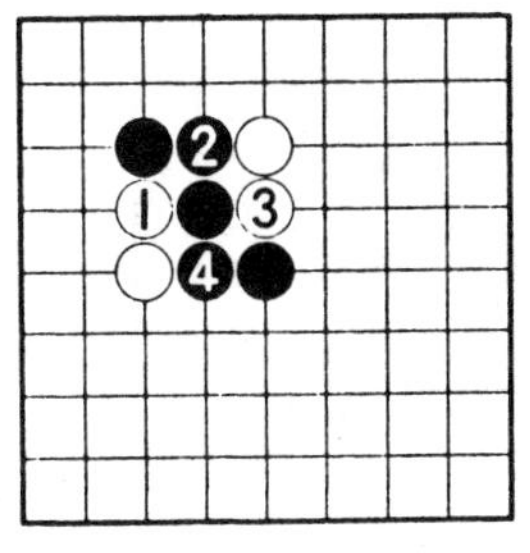
7도

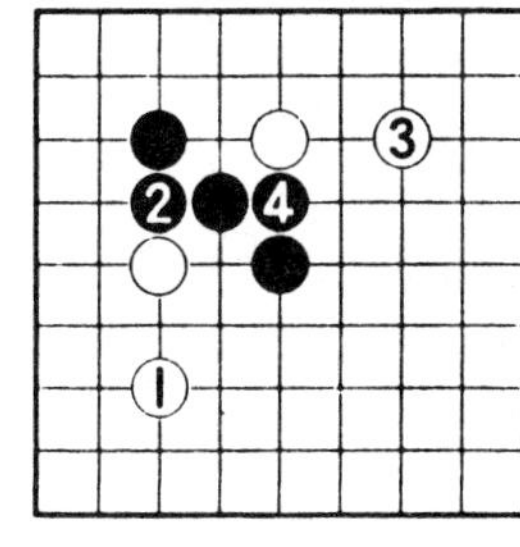
8도

9도

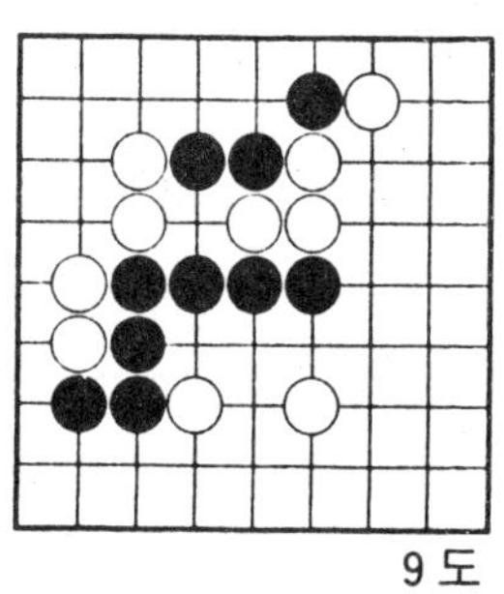
9도

이제 돌이 복잡해졌다.

그래도 잘 살펴보면 다음에 흑이 두는 수는 어디인지 그리 어렵지는 않을 것이다.

익숙해지면 본 순간에 알 수 있을 정도의 문제이다.

10도

흑1의 이음.

이것은 모르고 있었을 것이다.

백2, 여기가 쌍방의 급소의 한 점.

즉, '적의 급소는 이쪽의 급소'이며 이것으로는 백의 연속 대 흑의 2분이 되어 흑의 고전은 분명해진다.

11도

정해는 흑1의 이음.

백2의 끊음은 흑3으로 한 점은 버려도 백을 크게 2분하여 중요하다.

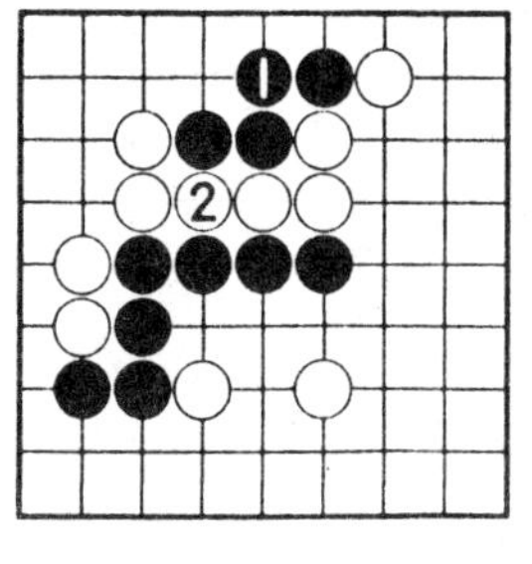
10도

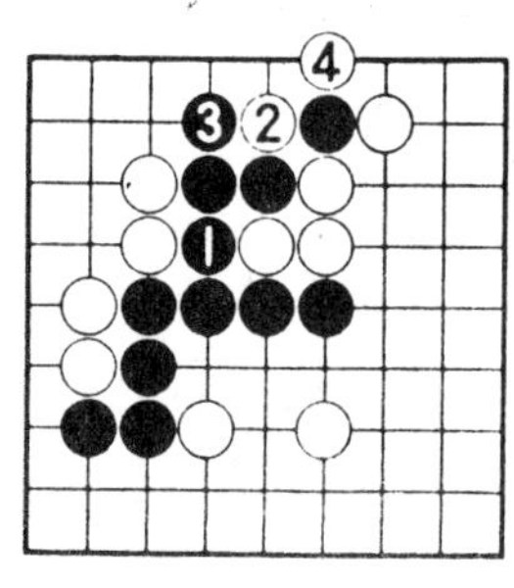
11도

12도 문제

흑선(黑先)에서 어떻게 두는 것이 최선일까?

전제(前題)를 알고 본제(本題)를 모른다는 것은 있을 수 없지만…….

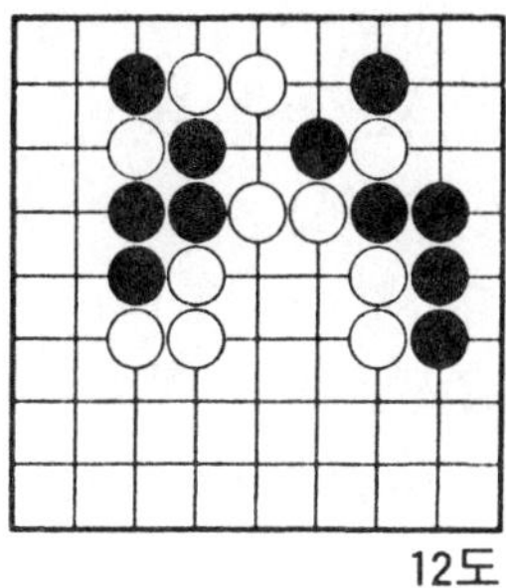
12도

13도

흑 1 과 백 △를 둔다는 것은 모르고 있었을 것이다.

바로 백 2 의 급소를 두게 한다.

흑은 2 분되기는 하였으나, 흑 3 과 이곳도 백 1 점을 따고, 흑은 죽을 염려는 없는데…….

14도

흑 1 의 이음이 정해이다.

전도와 본도를 잘 살펴보라.

흑이 어느 정도 좋은지 알 수 있을 것이다.

그래도 확실히 하기 위해 이 양도(兩図)의 그 후의 경과를 살펴보기로 하자.

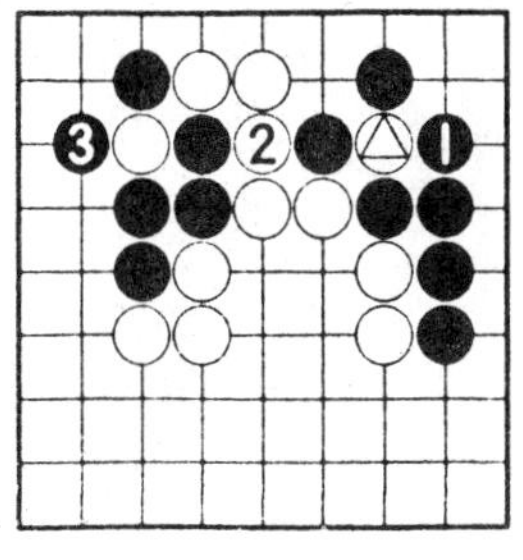

13도

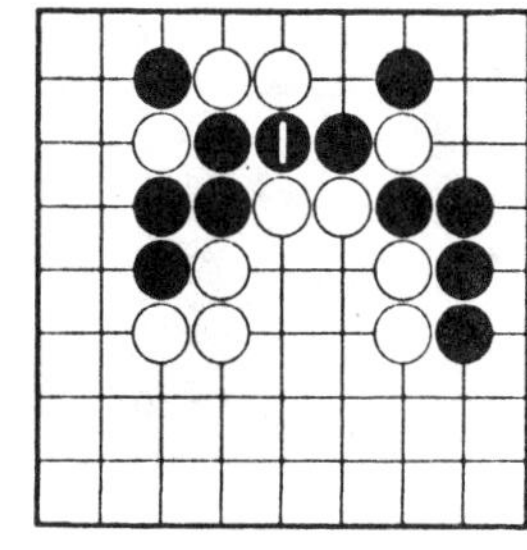

14도

15도

13도 흑 3 이하의 수순(手順)은 본도 백 1 이하 흑22까지의 수순은 최선을 다한 끝내기로 볼 수 있다.

흑쪽은 백돌 3개를 땄다. 그것을 백집내의 메우기에 이용한다.

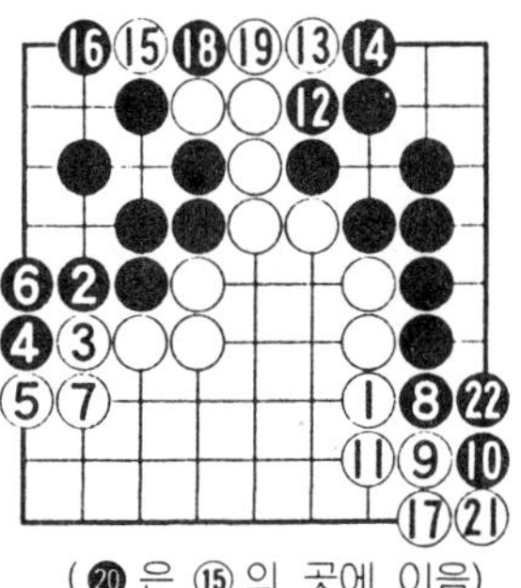

(❷⓿은 ⑮의 곳에 이음)
15도

또한 백 7은 절대 필요한 이음. 생략하면 흑 7의 끊음으로 백집이 깨진다.

16도

종료시의 판은 이렇게 되었다.

17도

계산하기 쉽게 집만들기를 한 것이 이것이다.

물론 집만들기이므로 절대 이대로 하라는 것은 아니다.

흑16집에 대해서 백 18집. 백 2 집의 승리.

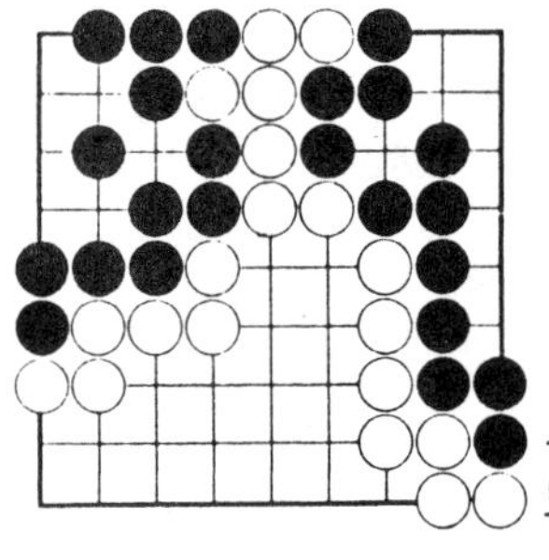
16도

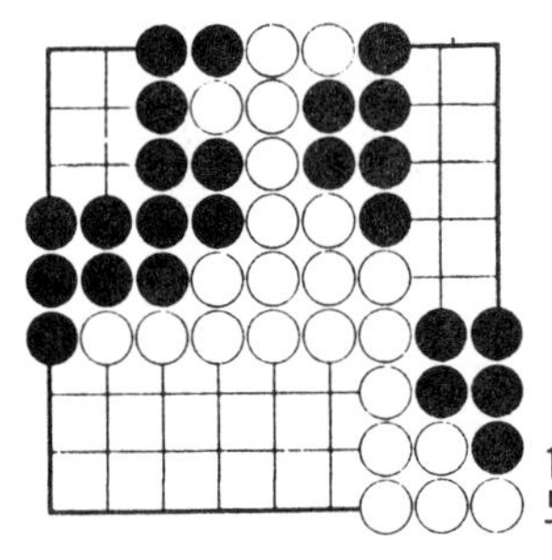
17도

18도

14도 흑 1 (본도 흑●)을두고 이후의 수순은 백 1 이하 흑 12 까지.

이 후, 백가, 흑나, 백다로 접촉점을 두어 완료이다.

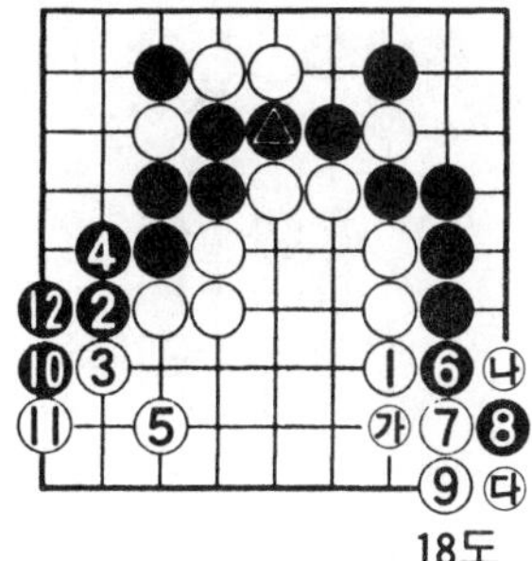

18도

19도

끝내기할 때의 반면에서 흑쪽이 딴 백돌을 반위에서 거두어 들인다.

어느 돌이 제거되었는가는 18도와 비교해 보면 납득이 갈 것이다.

20도

경계선이 약간 좌하 방면으로 이상하지만 계산시에는 허용된다.

백집 5 × 3 = 15집.

흑집 3 × 5 = 15집과 5 × 2 = 10집과 우변 3 집. (5 + 10 + 3 = 28집).

급소를 둔 이쪽은 흑 13집이나 이기게 되어 있다.

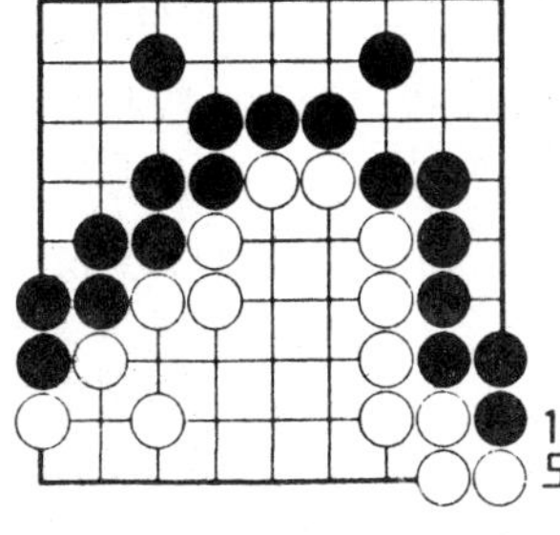
19도

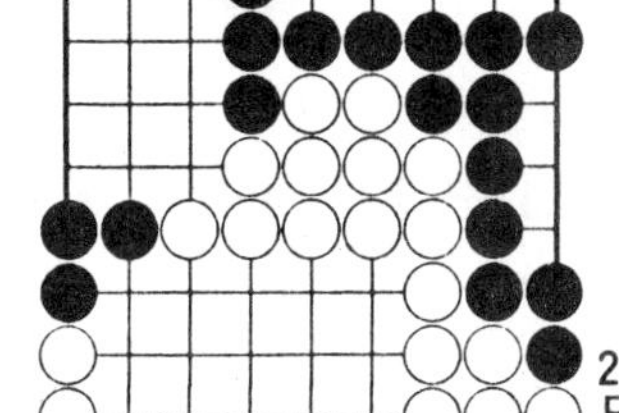
20도

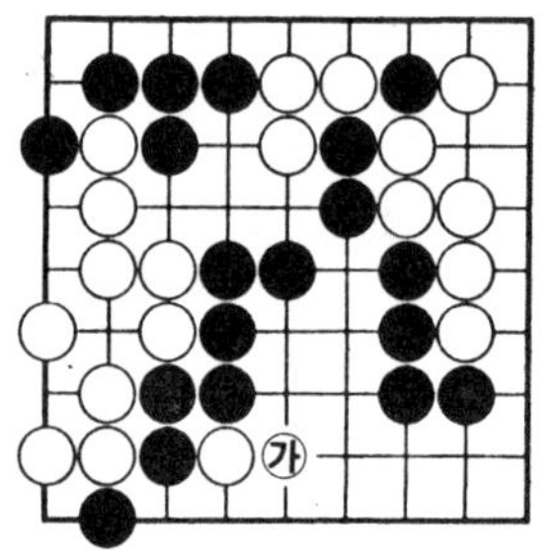

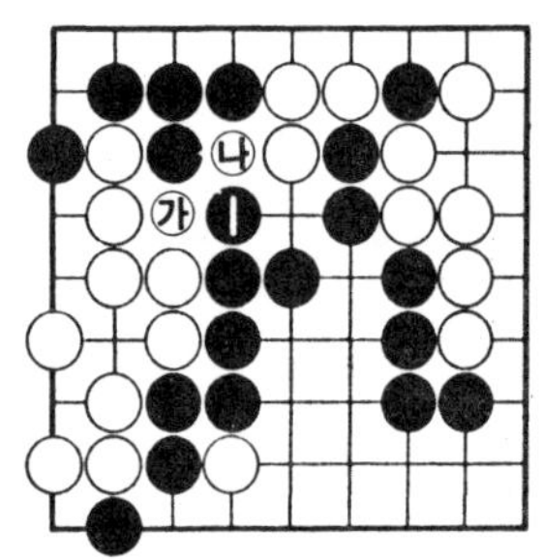

21도

또 한 문제 내보자.

흑선, 다음의 한 수는?

이 한 수가 승패의 분기점이 되는 중요한 한 수이다. 찾을 수 있겠는가?

앗, 흑가로 두어 백 1점을 따내 예상밖의 곳으로 착안하고 있는 것은……

22도

흑1. 그것이다. 정해는 그것이다.

그래서 좌상의 흑 5점을 구출하고 동시에 흑의 승리가 결정되는 참이다.

이 후, 백가로 나오면 흑나. 또 백나 쪽으로 온다면 흑가로, 이것은 절대, 흑이 틀림없다. 모처럼 흑1로 두어 이었는데 그것을 알지 못하면 또 백에게 끊겨 버린다.

흑1을 생략하면 백1로 두고, 흑 5점이 빼앗겨 형세는 역전이다.

연속과 절단점, 이해가 되었는가?

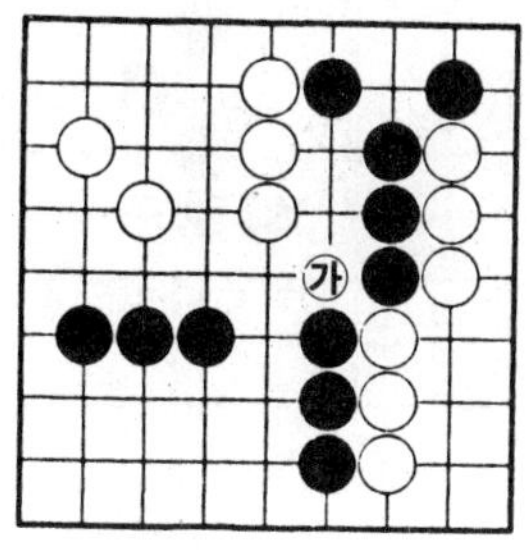

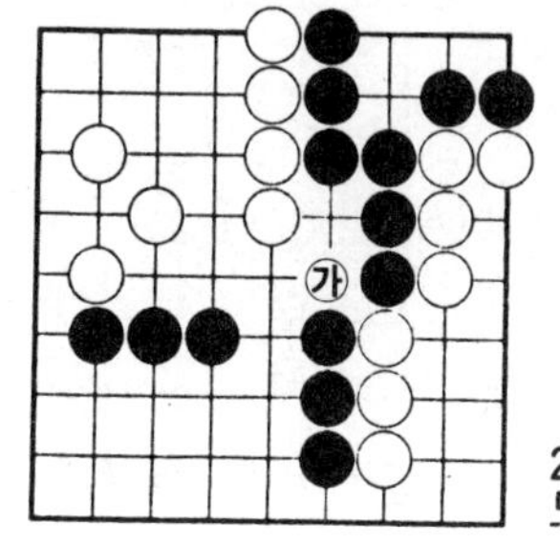

23도

이 그림을 잘 보라. 흑은 전군 연속되고, 백은 뚜렷하게 2분되어 있다.

그렇지만 2분되어 난처한가 하면 이와 같이 각각진영이 확립되어 있으면 2분되어 있어도 아무런 걱정없다.

그보다도 흑이 연속되어 있는 것처럼 보이지만 잘 보면 흑에서도 약점이 있다.

다시 문제로까지 낼 필요는 없다고 생각하므로 답을 한다.

가의 점이다. 그곳을 백에게 끊기면 우상 흑 5점은 빼앗기게 된다.

흑은 그곳을 이어 놓지 않으면 한 번에 패배가 결정되고 만다.

24도

가의 점은 역시 끊기는 곳이다. 그렇지만 이 그림과 같이 백에게 끊겨도 우상귀의 흑은 살아 있는, 좌하방면의 흑은 큰 진지.

이런 경우에는 끊겨도 아무런 염려없다.

어떠한 일이 있어도 연결만 되어 있으면 된다든가 하는 생각은 좋지 않으므로 바둑은 항상 주변의 상황에 따라 변한다. 그러므로,

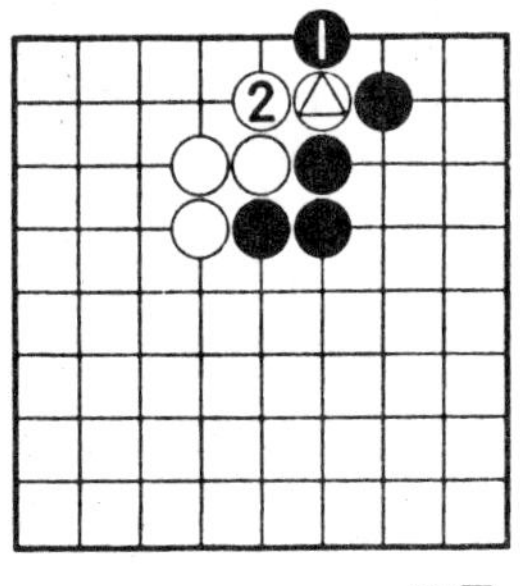

25도

이어서 좋은 경우도 있고 나쁜 경우도 있으며, 끊어서 좋은 경우도 있고 나쁜 경우도 있다는 것이다.

예를 들면 24도 흑**가**의 이음을 두었다고 하면 그것은 전혀 쓸모없는 것을 둔 것이 되며, 1집의 이익도 없는 수를 둔 것이 된다.

끊음과 이음의 한 점을 알고서도 이런 판단이 가능할까? 23도 백**가**로 끊겨 흑이 놀라서는 안된다.

25도

이런 경우에 입문자는 흑**1**로 두는 사람이 의외로 많다. 그 심리는 끊으면 딸 수 있다는 것에 생각이 미치지 않기 때문이다.

이 흑**1**에서는 백**2**로 이어져 백의 보조 행위를 한 것에 불과하다.

정확하게는 흑**1**에서 흑**2**로 끊고, 백△의 1점을 따야 했다.

딴다고 해도 따내는 것이 아니라 흑**2**로 두면 백△는 살아날 수 없다는 의미이다.

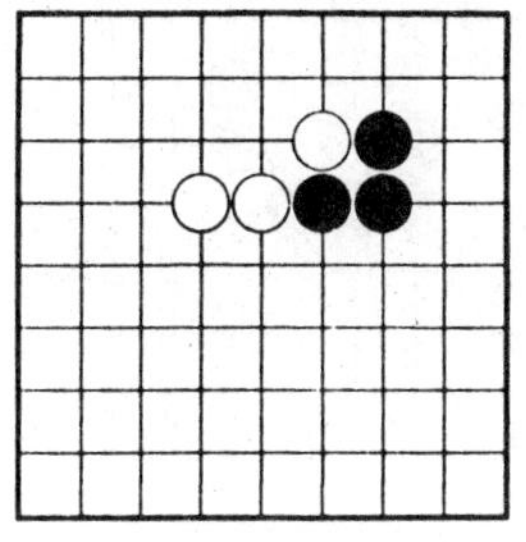
26도

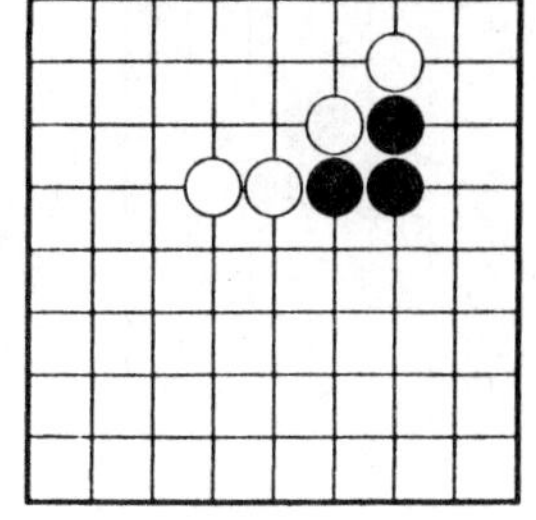
27도

여기에서는 반단(盤端)을 이용하여 끊으면 흑이 좋아지는 문제만으로 10문제 낸다.

26도(제 1 문)

흑 1, 백 2, 흑 3 까지 바르게 나타내보라.

27도(제 2 문)

흑 1 에서 흑 3 까지 옳게 나타낼 수 있는가?

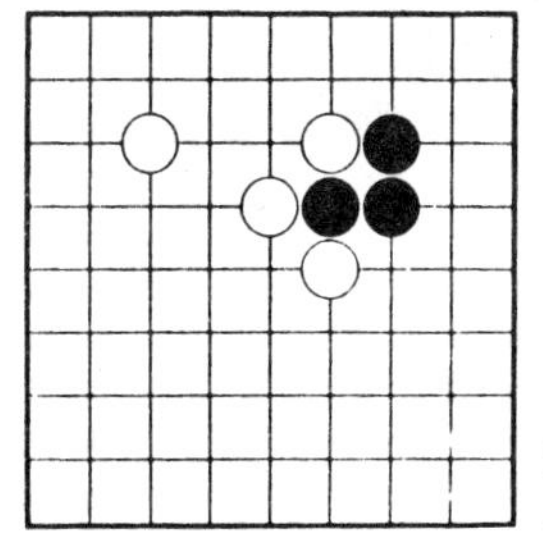
28도

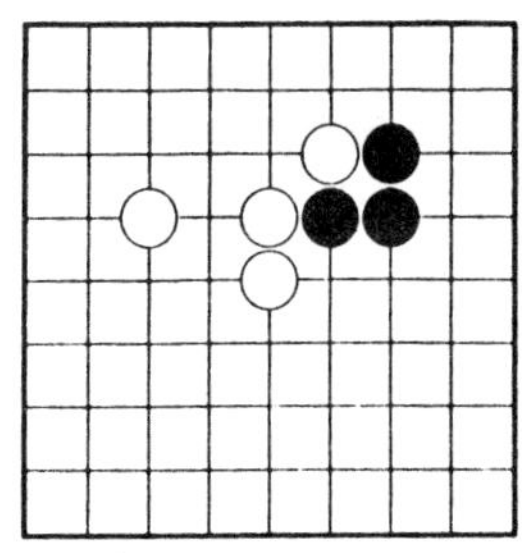
29도

28도(제 3 문)

역시 흑 1 에서 흑 3 까지를 나타내는 문제이다.

29도(제 4 문)

흑 1 에서 흑 3 까지 옳게 나타낼 수 있는가.

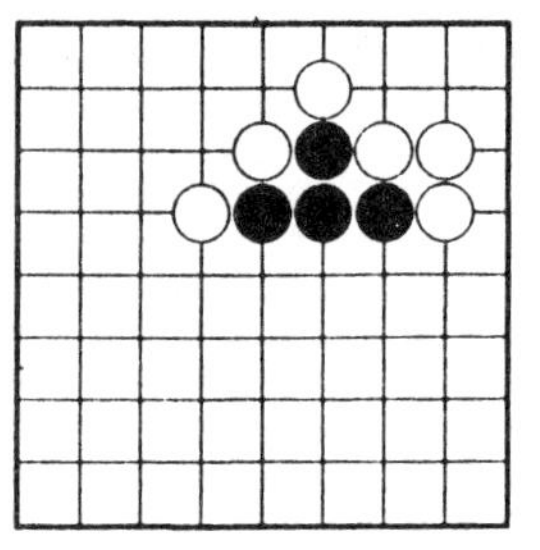

30도

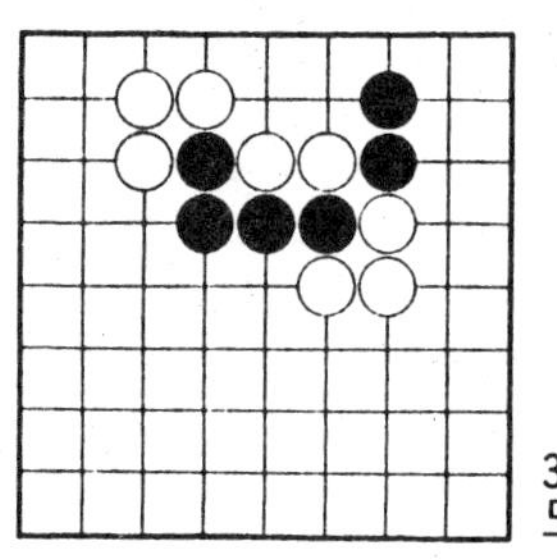

31도

30도(제 5 문)

끊음의 장소가 여러군데 있으므로 자칫하면 잘못된 끊음을 둘 가능성도 크다. 이것도 흑 1 에서 흑 3 까지 나타낸다.

31도(제 6 문)

이것은 쉬운 문제인데 다음 흑의 한 수는?

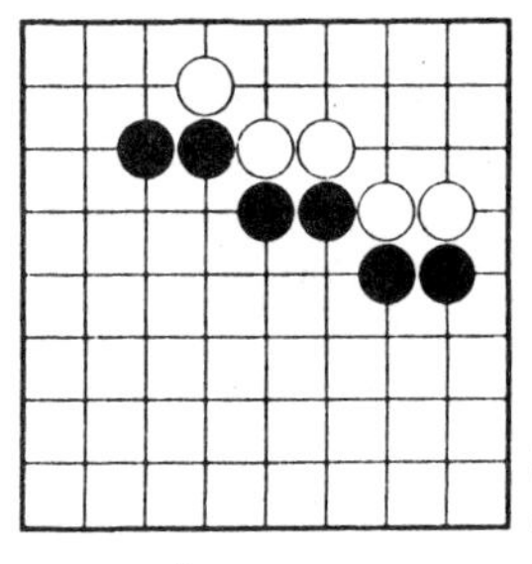

32도

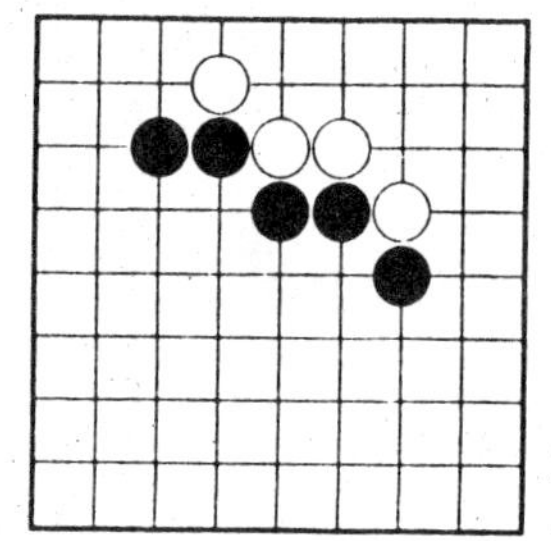

33도

32도(제 7 문)

흑 1 이하 흑 5 까지 나타내 백을 분석하면,

33도(제 8 문)

전문에서 정해를 낼 수 있다면 이것은 그 응용문제에 지나지 않는다.

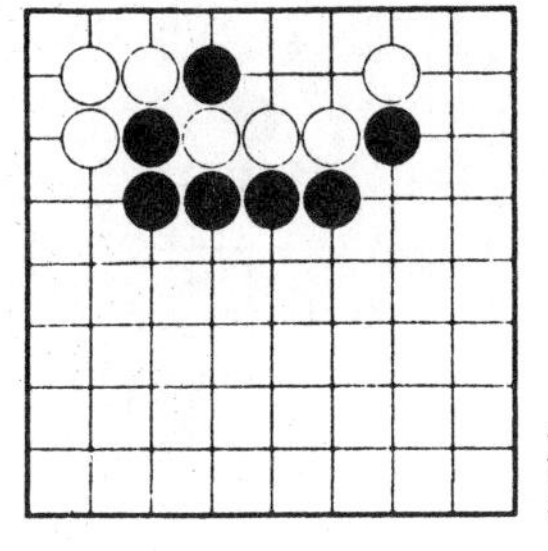
34 도

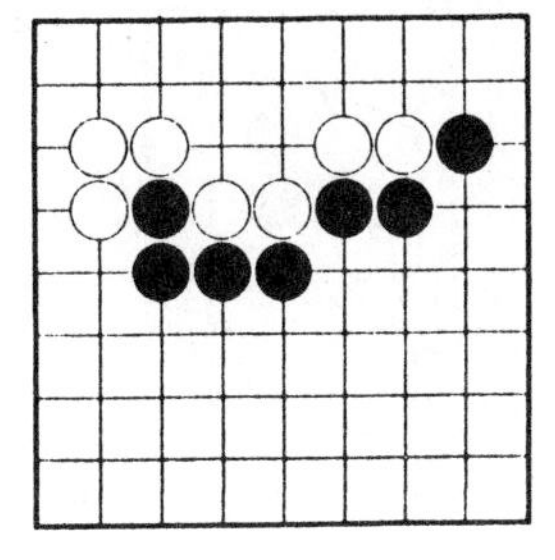
35 도

34도(제 9문)

31도를 알 수 있으면 이것도 알 수 있을 것이다.

35도(제 10문)

흑 1 이하 흑 3 혹은 흑 5 까지 나타낸다.

10문제중 7 문제를 할 수 있으면 합격점이다.

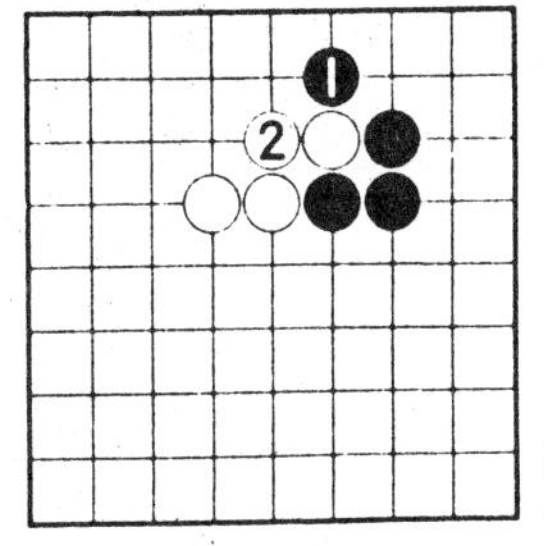
36 도

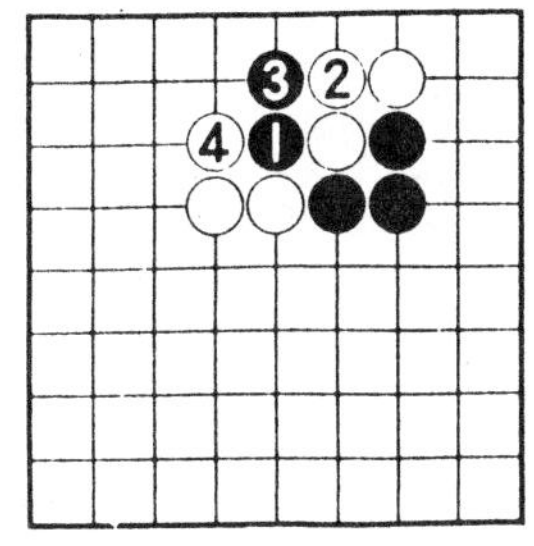
37 도

답.실패의 경우

36도

흑 1 에서는 백 2 로 이어져 아무것도 안된다.

37도

흑 1 의 끊음은 백 2 로 잇고, 흑 3 에 백 4 로 두어 싸움은 흑이 실패이다.

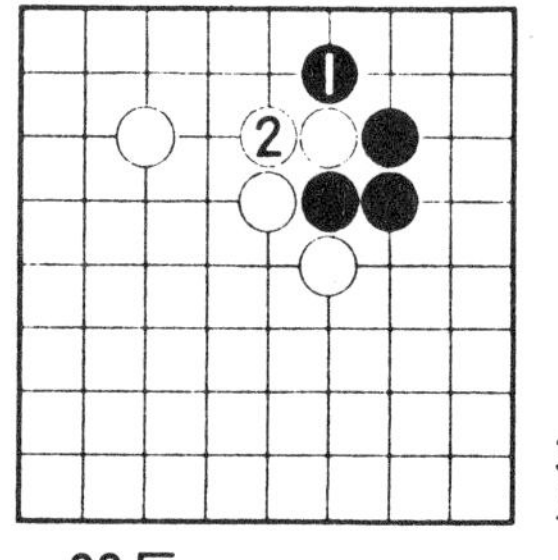

38 도

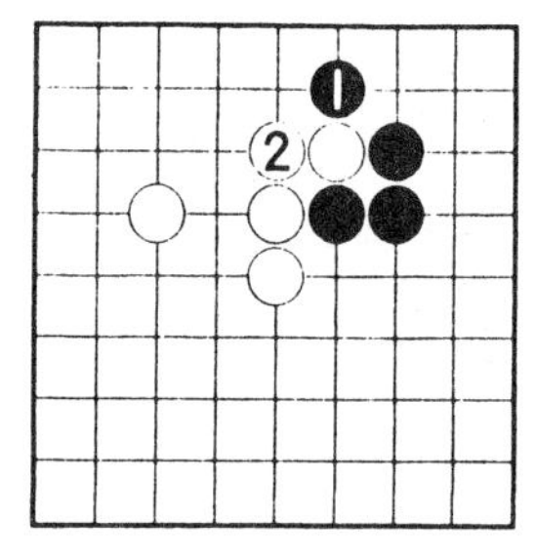
39 도

38 도

흑 1 에서는 백 2 의 이음으로 36도의 잘못을 반복한 것에 불과하다.

39 도

전례와 똑같은 실패라 할 흑 1 이다.

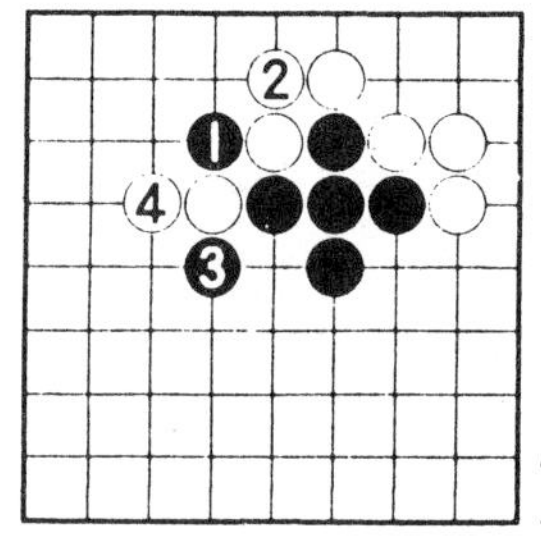
40 도

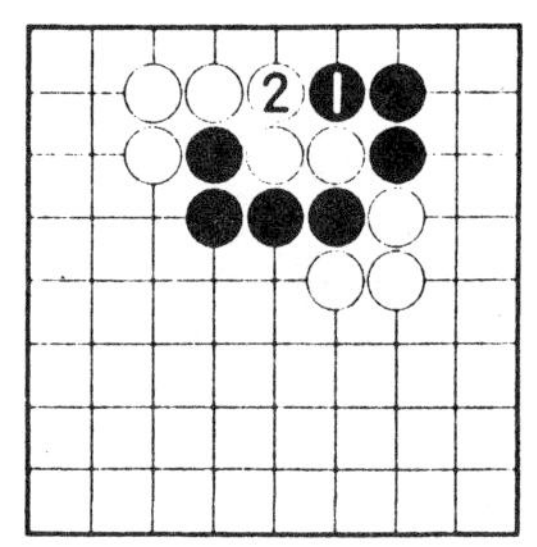
41 도

40 도

흑 1 로 어디든 끊으면 된다는 것은 아니다.

흑 1 에서 백 4 까지 흑은 조금도 좋지 않다.

41 도

흑 1 의 실패는 이제 알 것이다.

백 2 로 이어지면 어떻게도 할 수 없다.

더 단호한 제압을 요한다.

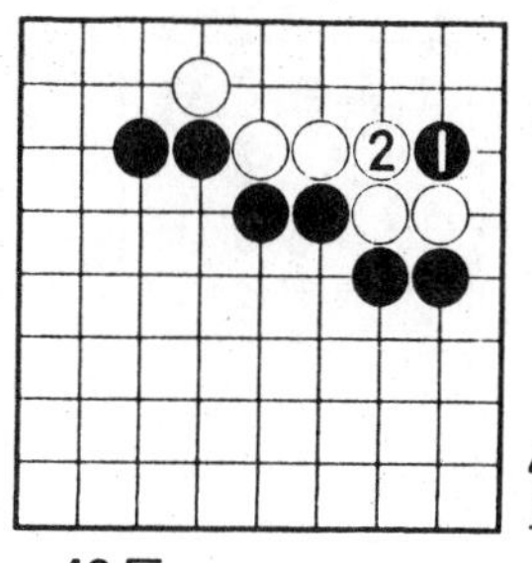

42 도

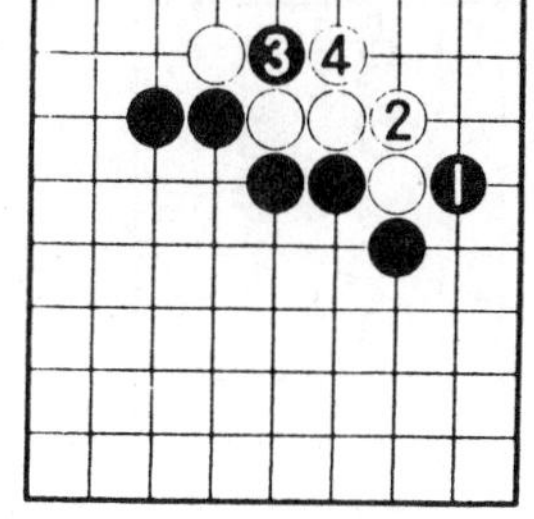

43 도

42도

흑1로 일부러 백의 상처를 고쳐주는 것.

백2로 이어지면 백을 따는 정도가 아니다.

43도

흑1이 나쁘다는 건 다시 말할 것도 없고, 또 흑3은 자살 끊음으로 아주 나쁘다.

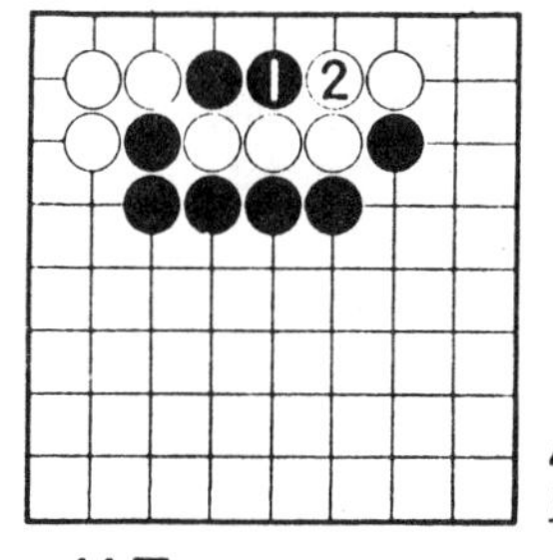

44 도

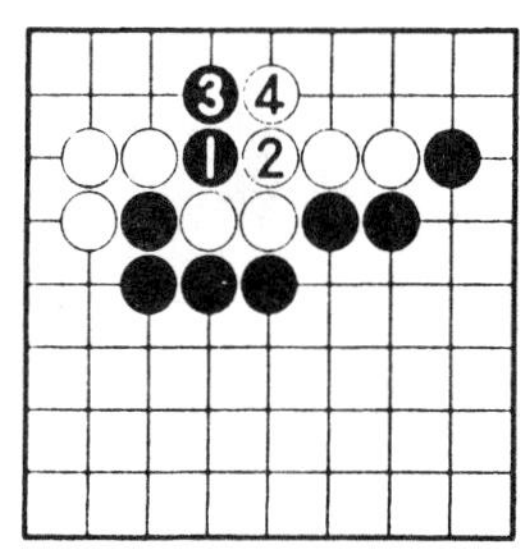

45 도

44도

41도의 실패에 진저리가 나면 이런 흑1 같은 수는 두지 않을 터인데…… .

45도

흑1의 끊음에서 흑3으로 두어도 백4에서 흑의 공격 실패. 흑1, 3이 빼앗긴다는 것이다. 흑1은 실패.

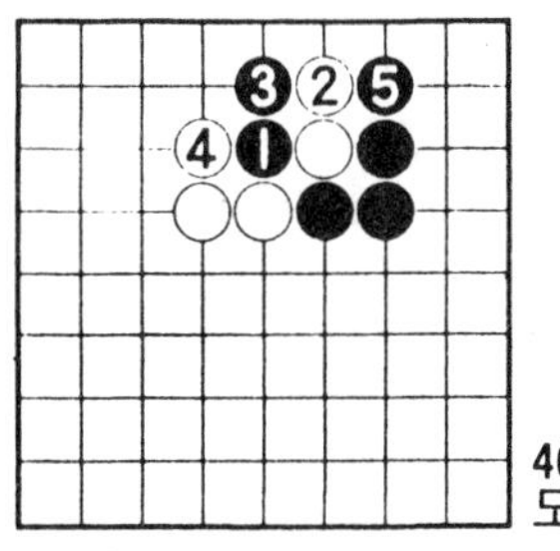

46도

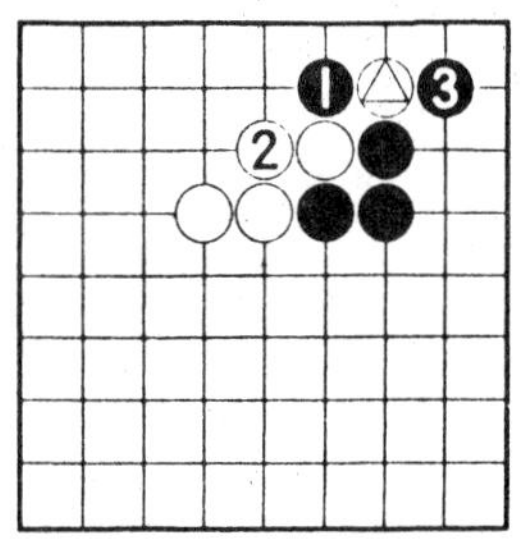

47도

답. 정해의 경우 46도

흑1로 끊는다. 백2로 달아난다.

흑3으로 쫓아 백4, 흑5로 흑 공격에 승리.

47도

흑1의 끊음이 좋다.

백2의 이음, 흑3으로 백△을 땄다.

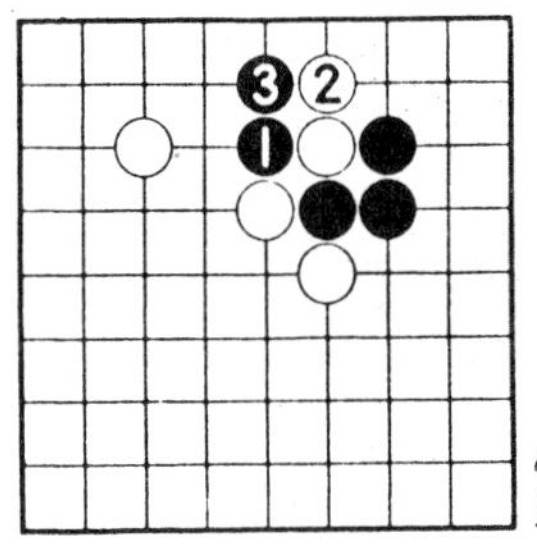

48도

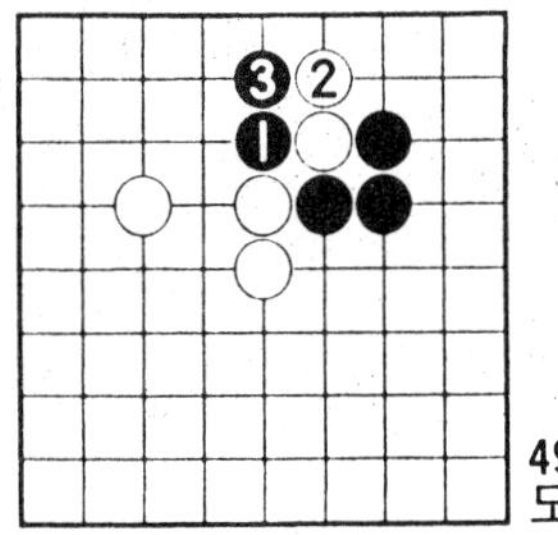

49도

48도

46도의 흑1의 요령이 이해되면 본도 흑1을 알지 못하는 일은 없을 것이다.

49도

흑1, 3의 요령을 반복, 스스로 납득할 수 있을 때까지 해 보는 것이 무엇보다 중요하다.

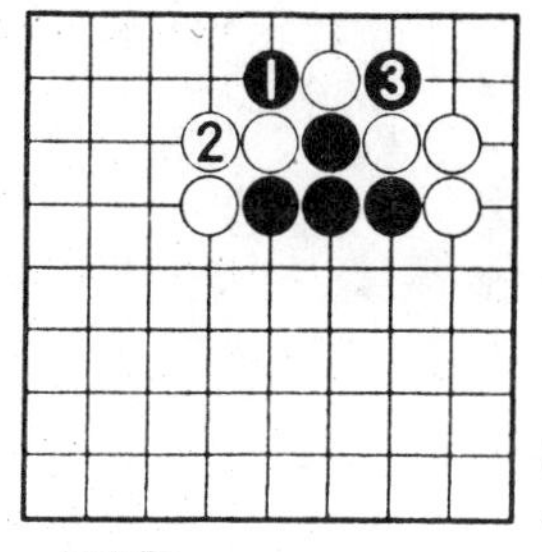
50 도

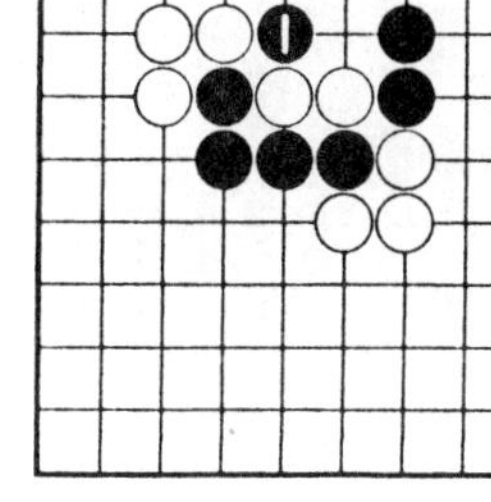
51 도

50도

끊는 곳을 정확하게 찾을 수 있는가? 흑1, 3으로 백 양단(両断)의 비극이다.

51도

흑1의 거침없는 끊음 일발에 백 2점이 아웃.

이렇게 되어도 아직 모르면 곤란하다.

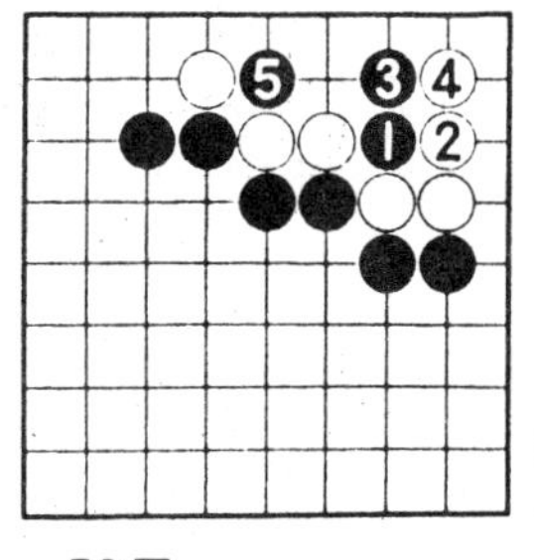
52 도

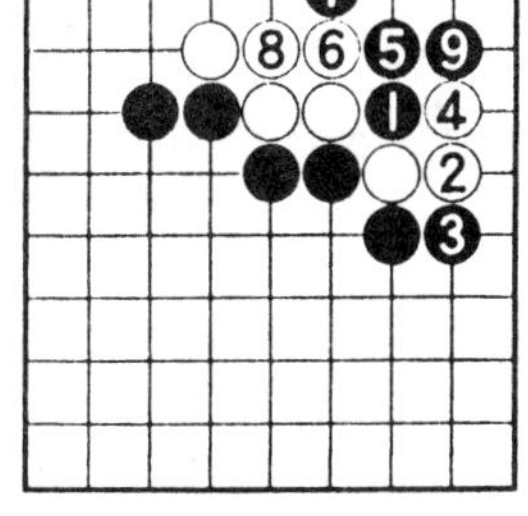
53 도

52도

이것은 입문자에게는 좀 어려울지 모른다.

흑1로 이러한 곳을 끊으면 사건이 일어나기 쉽다는 것을 나타내었다. 참고로 흑5까지로 백 전멸이다.

53도

전문(前問)과 같은 요령.

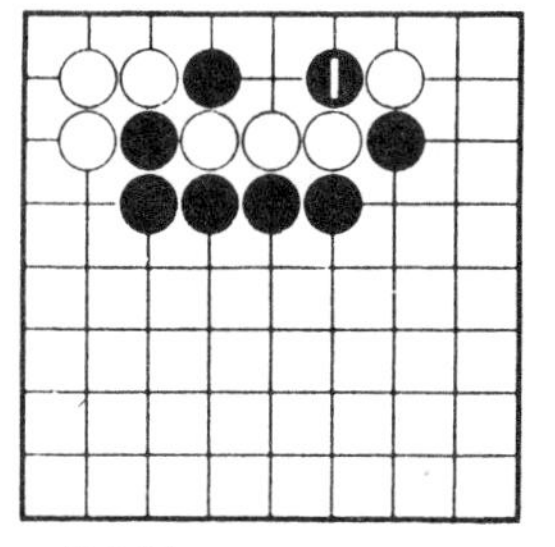

54도

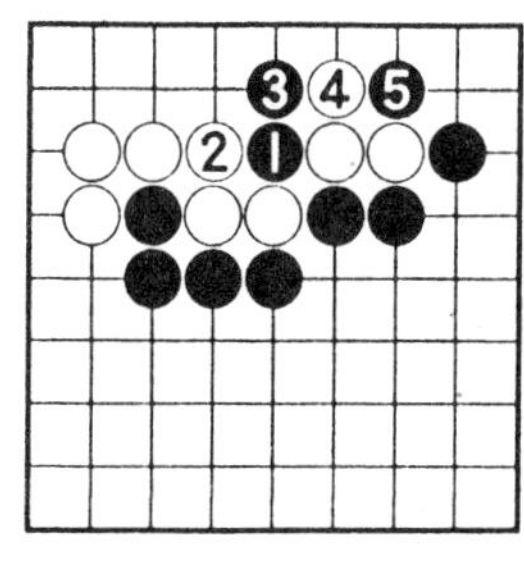

55도

54도

흑1의 거침없는 한 수로 백 3점은 아웃.

이러한 수를 좀처럼 둘 수 없는 것은 어쩐지 자신이 위태로울 듯한 기분이 들기 때문일 것이다.

55도

끊는 곳을 잘못하지 않으면 흑1, 3으로 공격, 흑승리.

이상 10문제를 술술 풀 수 있다면 그것은 이미 입문자가 아닌 초급자, 아니 그 이상의 기력(棋力)의 소유자라 할 수 있을지도 모른다.

내가 보는 한에 있어서 가장 실수하기 쉬운 것은

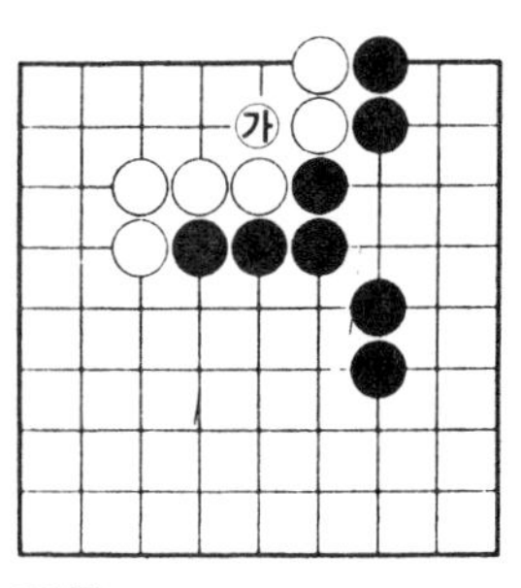

56도

56도

백진의 결점, 흑가의 단점을 줄 수 없다는 것. 끊으면 백 2점을 딸 수 있는데 그것을 도저히 모르는 것 같다.

또 백쪽의 사람도 백가로 이음을 두면 좋을텐데.

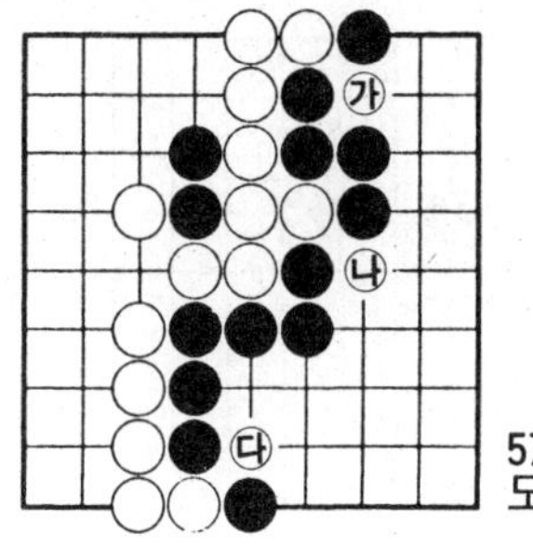

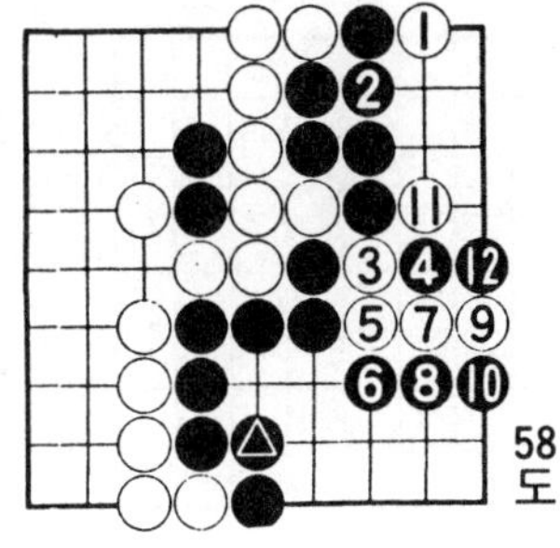

57도

그런가 하면 흑**가**나 흑**나** 같은 잇지 않아도 괜찮은 곳을 잇고, 잇지 않으면 안될 흑**다**의 이음을 잇지 않는다든가, 그 판단이 잘못된 것.

그래도 걱정하지 말라. 실전 경험을 늘림에 따라서 점차로 그들의 판단력이 생기게 될 것이다.

하수는 상수의 시작으로, 처음에는 모두 서툴기 마련이다.

58도

이 경우, 흑이 먼저라면 흑 ●로 잇고, 본국을 종료한다.

백 **1**과 백 **3**에 이와 같이 흑이 제대로 응하면 흑의 경계선은 깨지지 않는다. 백이 둔 만큼 모두 빼앗긴다. 끝까지 해보면 무승부이다. 재미있는 것은 이렇게 백이 어떻게 해서 빼앗기든지, 또 백 **1** 이하 아무것도 하지 않고 끝내도 역시 결과는 마찬가지로 비기게 된다는 것이다.

계산해 보라.

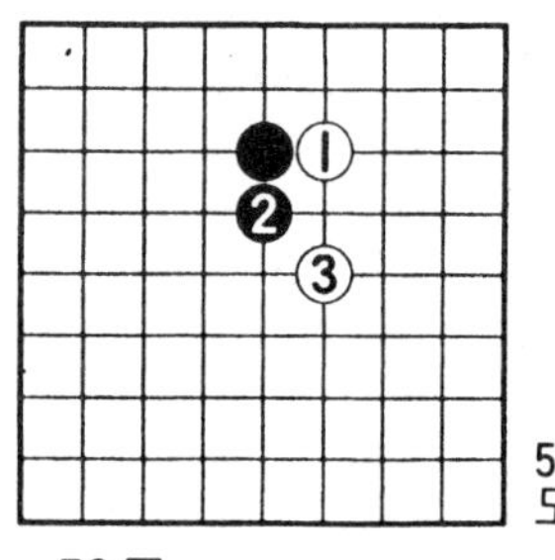
59도

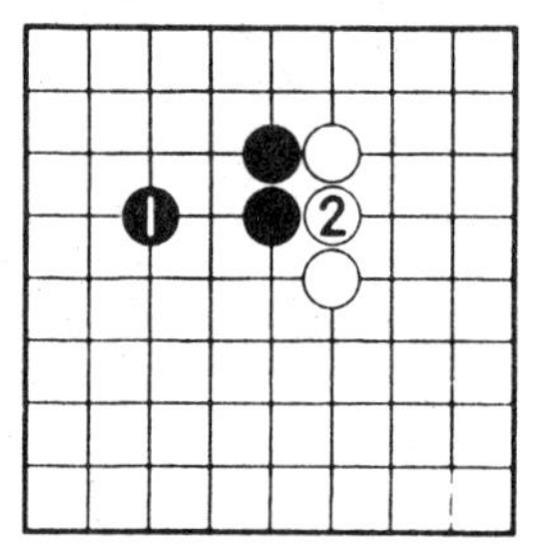
60도

59도

백 1 의 붙임에——

흑 2 의 뻗음은 견실한 방법이다.

이런 접촉전은 백 3 과 같이 연속하지 않고 두는 것은 위험한 수로, 우선 백의 무법(無法)이다.

60도

흑 1 과 같은 수에서는 백의 무법을 책할 수는 없다.

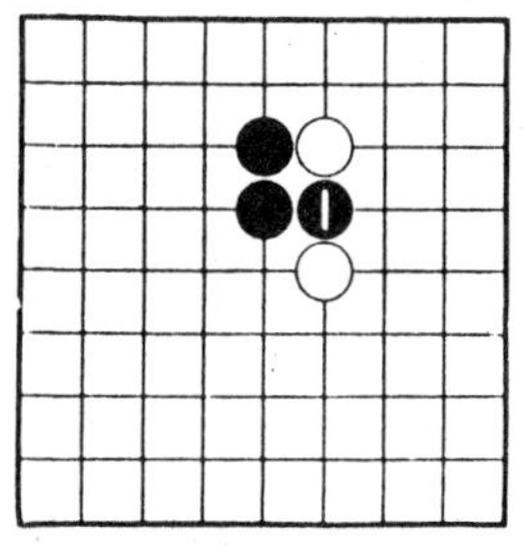
61도

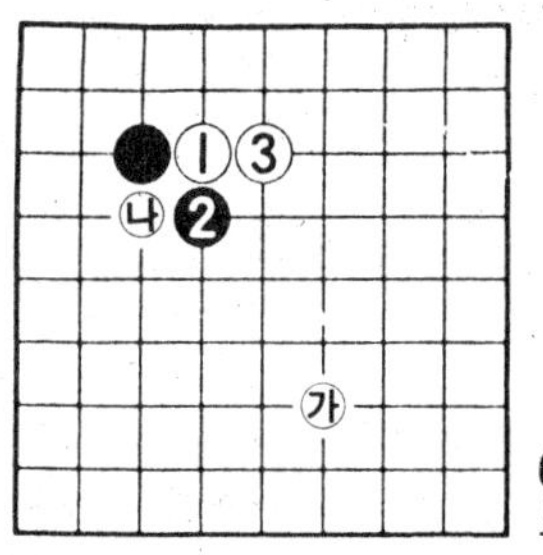

62도

61도

흑 1 이 백의 연속을 허용하지 않을 생각으로 나와 좋다.

62도

백 1 의 붙임은 접촉전 개시.

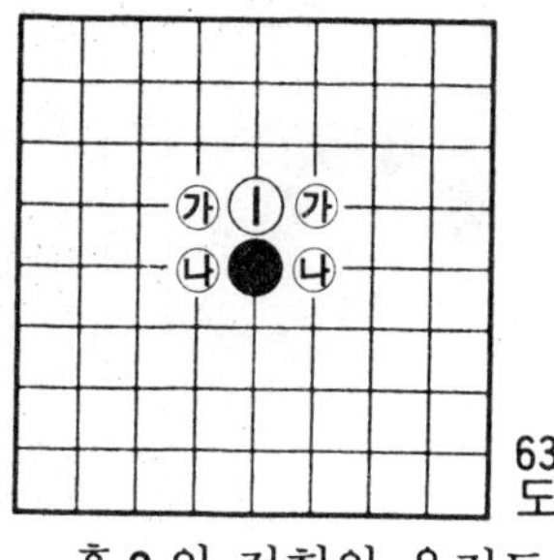

63 도

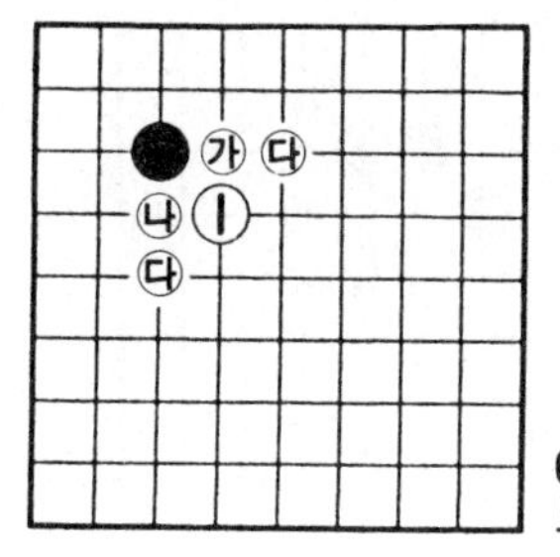

64 도

흑 2 의 젖힘의 응전도 훌륭한 수이다.

백 3 의 당김도 극히 평범한 착상이다.

그런데 이것으로 여기서 일단락으로 보는 것은 경솔한 생각이다.

왜냐하면 흑 4 에서 흑 가 등으로 돌리면 바로 백 나 의 끊음이 강렬해지기 때문이다.

그러므로 흑 4 에서는 흑 나 로 잇는 것이 중요하다.

63 도

하나는 백 1 로 직접 붙여 왔을 때의 응접.

이것은 흑 가, 가 의 젖힘 2 점으로 흑 나, 나 의 뻗음 2 점. 모두 네군데의 응수가 기본기가 된다. 젖힘의 장점은 적극성이 있다는 것.

단점은 비스듬한 돌이기 때문에 끊기는 약점이 있다는 것. 뻗음의 장점은 견실한 것.

64 도

백 1. 어깨붙임이라 부를 때도 있고, '모서리 붙임' 이라고 할 때도 있으며, 틱이라고 하는 특수한 명칭도 상황에 따라서 있다.

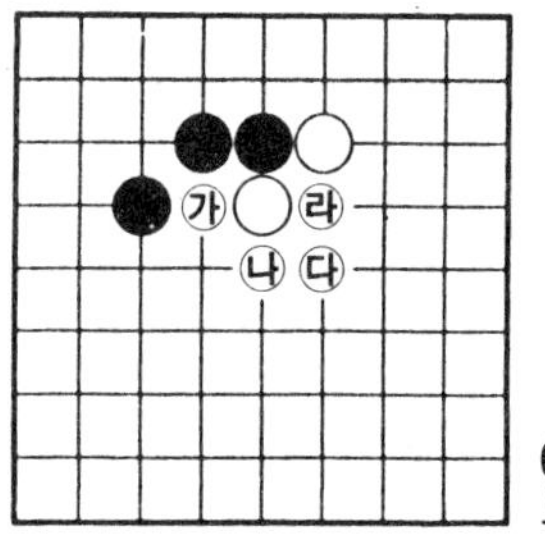

65
도

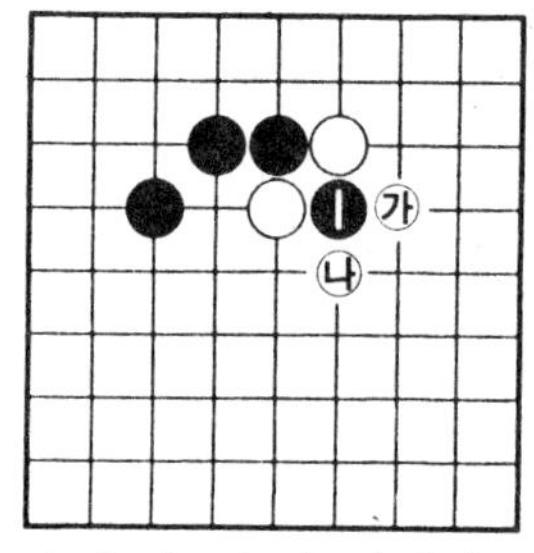

66
도

흑이 응하는 기본도는 흑가나 흑나에 한한다고 해도 될 것이다.

특수한 방법으로서는 흑다, 다 점의 뛰도 있으나, 입문자는 가, 나 양점 이외의 수는 두지 않는 편이 무난하다.

65도

흑이 먼저라면 두는 수는 정해져 있다.

흑가, 혹은 흑나, 혹은 흑다 등, 대개 바둑의 법칙에 없는 수이다.

그것은 모두 백라와 이어짐으로써 흑은 백의 약점을 없애준 것과 같다.

66도

흑1로 끊게 되어 있다. 백가, 백나로 두 수 연타를 허용하지 않는 한 끊은 흑1이 빼앗기는 일은 있을 수 없다.

흑1의 끊음에 의해 2분된 백의 약점을 냉정하게 지켜보는 것이 중요하다.

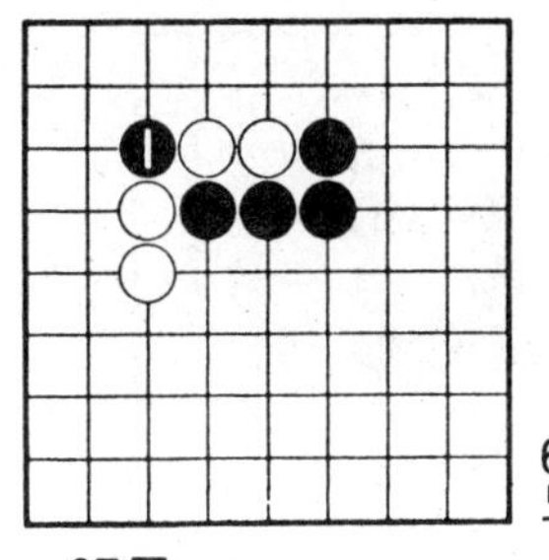

67 도

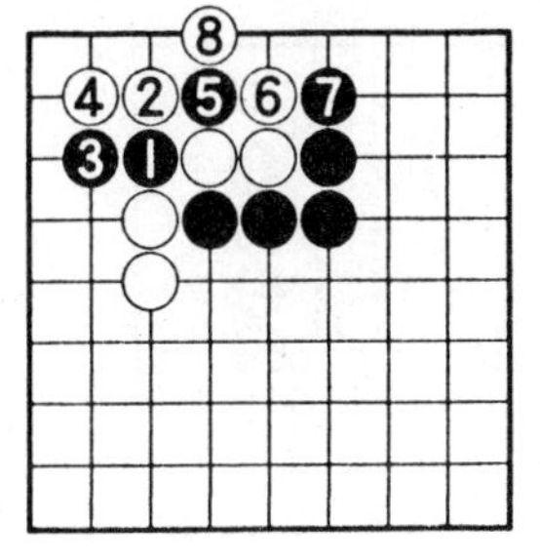

68 도

67도

흑 1 의 끊음은 사실은 무리한 수였는지도 모른다.

그래도 입문자가 두었다고 하면 그 절단점을 발견한 것을 칭찬할지언정 비난할 것은 아무것도 없다.

68도

백 2 이하, 정확히 응하면 흑의 실패로 돌아간다.

그러나 실패했다고 해서 끊는 것을 두려워해서는 안 된다. '실패는 성공의 어머니이다'

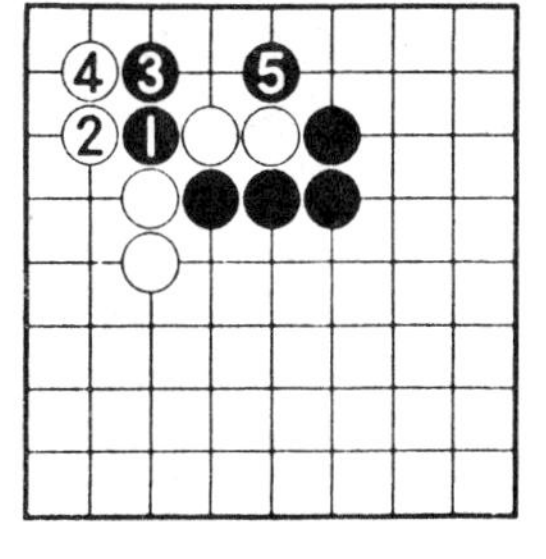

69 도

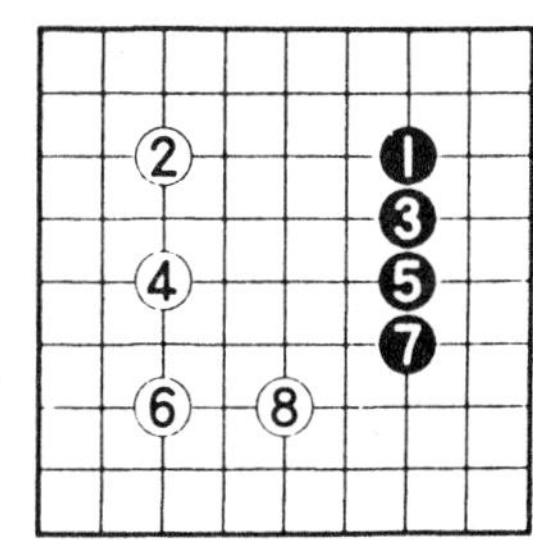

70 도

69도

상대도 입문자라면 백 2 와 같은 실패를 하지 않는다고는 할 수 없을 것이다. 흑 5 까지 생각지도 못한 이익이 있을 수도 있다.

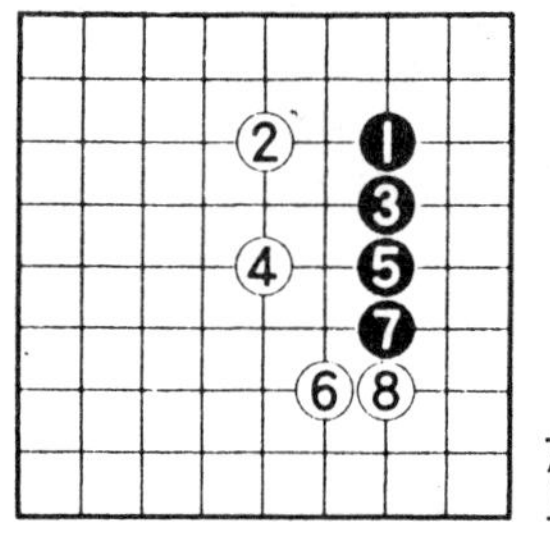

71도

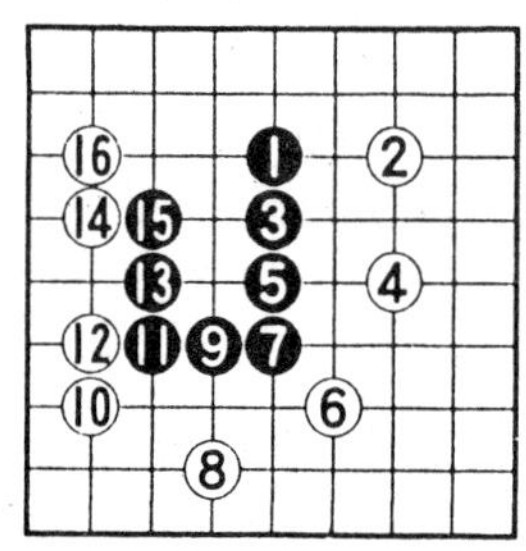

72도

70도

포석이 당초 흑1 이하 흑7로 연속을 확실하게 두면, 백2 이하 한 칸 뜀을 하게 되어 배의 속도로 백이 달리게 된다.

71도

흑3 이하의 속도를 늦추어 명백하게 해 보았다. 과연 연결하여 둔다고 좋은가.

72도

흑의 망설임 대 백의 서두름. 그 '속도의 차'는 이와 같이 흑이 백의 포위속으로 들어가는 수도 있을 것이다.

백16까지 보면 마치 대평원에서 한대의 역마차가 인디안 무리의 습격을 받은 서부극과도 흡사하여, 흑 전원 참살의 비극을 당하게 될지도 모른다.

게다가 또 놀라운 사실로서 이 백과 흑의 병력의 돌 수는 똑같다는 것이다. 상수냐 하수냐의 차이는 이런 큰 차이를 낳게 된다.

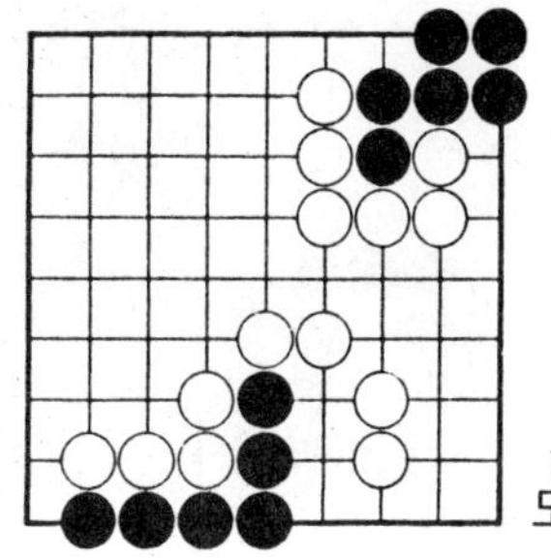

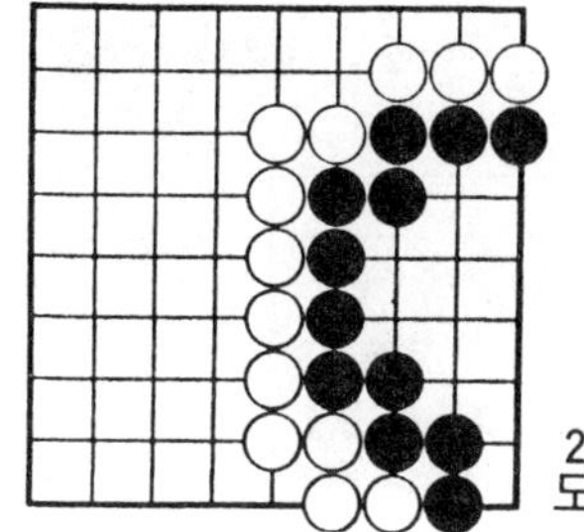

돌의 사활(死活)

1도

우상귀의 흑도 좌하귀의 흑도 백에게 포위되어 탈출로라고는 없다.

게다가 한집의 집도 에워쌀 수 없는 상태로, 이것은 흑의 '사(死)'라는 것을 누구든지 이해할 수 있을 것이다.

2도

전도와는 전혀 반대로 흑집이 12집이나 있다. 이것은 아무리 백에게 포위되어 있다고 하더라도, 흑은 당당한 진지로 죽을 염려는 전혀 없다.

이런 경우는 사활 문제는 생기지 않는다.

어디까지나 작은 진지의 경우에 한해서 볼 수 있다.

3도

우상귀와 좌하귀 모두 포위된 흑은 한 집의 집으로 사형(死型)이다.

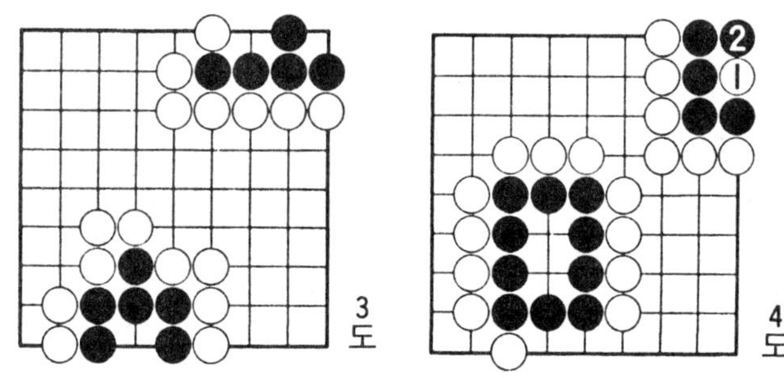

4도

우상귀의 흑은 2집의 집이 있는데 흑이 죽고 있다. 이대로 흑이 아웃이지만 확실히 하기 위하여 확실히 죽여 본다.

백1로 둘 수 있다. 착수 금지의 루울이 위반이 아니다. 그것은 2의 곳이 비어있기 때문이다. 흑2로 두어 백 1점을 딸 수 있는데, 백1로 다시 두게 되어흑 전부 빼앗기는 운명이다.

좌하귀의 흑도 우상귀의 흑과 같은 죽는 형은 말할 것도 없다.

5도

우상귀의 흑은 2집의 집인데, 이번에는 흑이 살아 있다.

백가로 두는 것도, 백나로 두는 것도 착수 금지의 루울 위반이기 때문이다.

그것은 백이 이 약간의 흑진을 죽이러 갈 수(手)가 없다는 것이다.

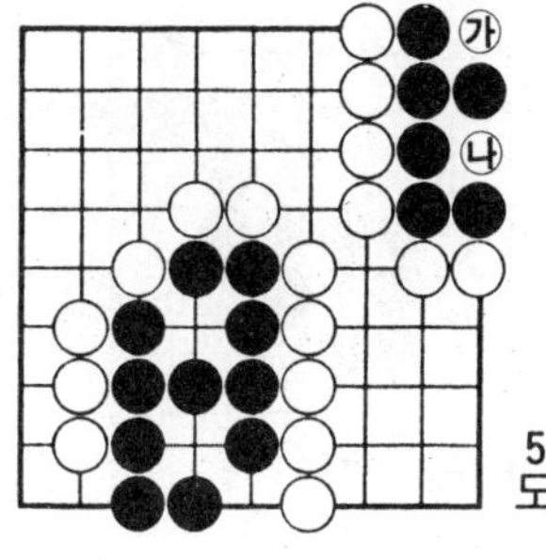

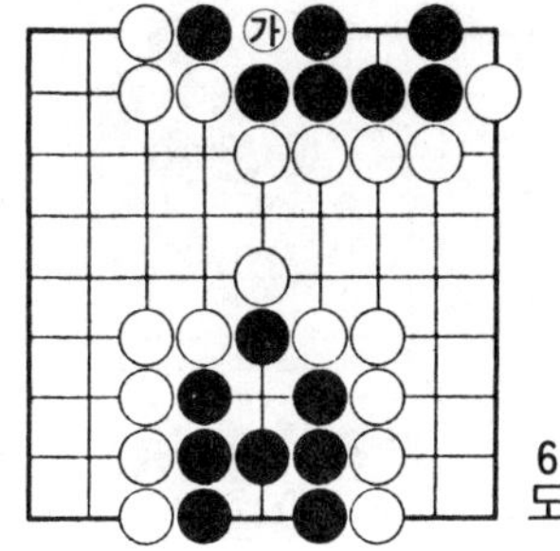

6도

언뜻 보면흑 두 집으로 삶 인가 하고 생각하는 사람도 있을 것이다.

그렇지만 이 흑, 우상귀도, 하변도 흑이 죽고 있다.

어째서인가? 그것은——

우상귀, **가**의 점이 '옥집'이 되어 있기 때문이다. 이 백부터 두면 백**가**로 패로 딴다.

흑부터 두어도 흑**가**의 점에 잇는 이외에는 둘수 없는 곳이다.

그것은 흑 두 눈이 없으므로 흑사(黑死)가 된다.

하변의 흑도 마찬가지이다.

7도

전례보다 더 흑이 사는 형같이 보일까.

그러나 이것도 흑은 '옥집'이다.

우상귀는 백**가**로 두게 되면 먼저 흑 4점이 빼앗긴다는 것은 알 수 있을 것이다.

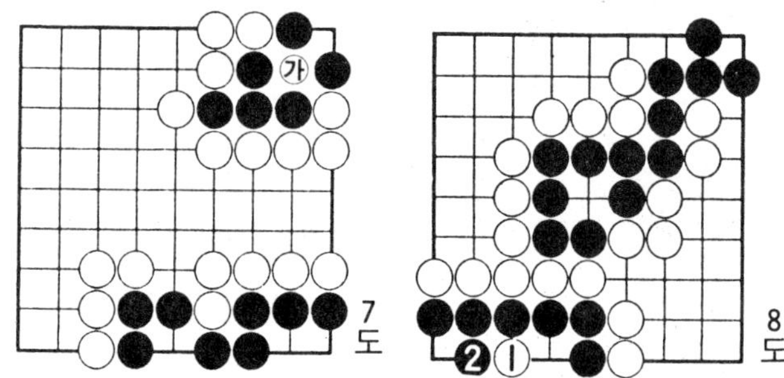

8도

우상에서 중앙으로의 흑. 이것도 두집으로 삶이 되어 있다.

좌하귀의 흑, 4집의 집인데 이것도 살아 있다. 백 1로 나와도 흑 2로 응하면 두 집으로 삶 확보이다.

그러나 실전에서는 백대승의 바둑이 된다.

얼마나 포위되는 쪽이 나쁜가 하는 증거이다.

흑집은 합계 6집의 집밖에 없는데, 백집은 30집이나 있다. 큰 차이이다.

9도

1도에서 8도까지는 모두 사활(死活)이 분명했다. 신호라면 적과 청이 분명한 것과 같다. 그렇지만 본도에서는 황(黃)신호.

포위된 흑은 모두 흑이 먼저라면 살 수 있으며, 백이 먼저라면 죽는다.

사활의 급소는 한 점. '적의 급소는 나의 급소'가의 한 점에 있다.

끝내기 바둑(詰碁)의 근본은 여기서 시작한다.

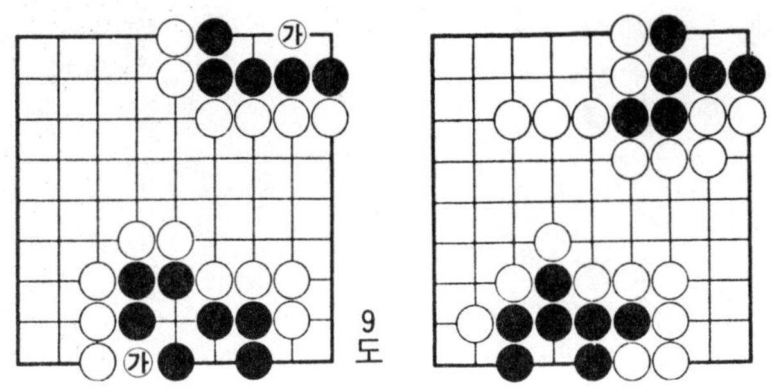

예를 들면 9도 하변, 백이 먼저 어떻게 두면 흑을 죽일 수 있을까?

10도

우상귀의 흑, 어떻게 두면 살아날 수 있을까?

좌하귀의 흑, 어떻게 두면 살아날 수 있을까?

이 두 문제를 내보자.

아니, 어떻게 하더라도 흑이 한 집으로 죽음이라고밖에 생각하지 못하다니…… .

자아, 정말 그럴까?

잘 살펴보라.

흑집속을 아무리 지켜봐도 정해는 나오지 않는다.

힌트는…… .

11도

또 두 칸. 좀 어려울까?

상변의 흑을 백은 어떻게 두어 죽이는가?

하변의 흑을 백은 어떻게 두어 죽이는가?

이 두 문제는 못해도 하는 수 없지만, 상변의 힌트

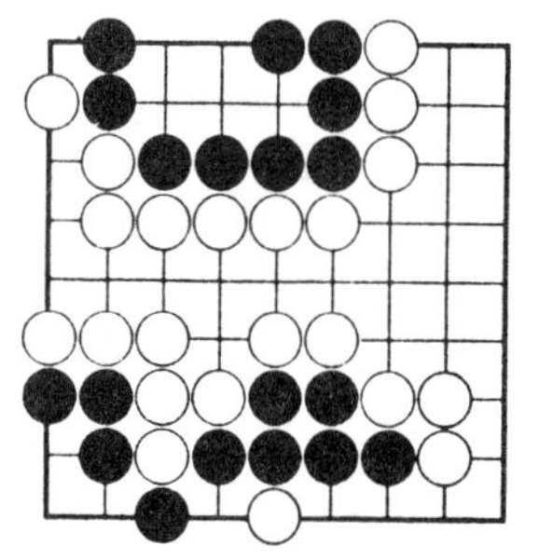

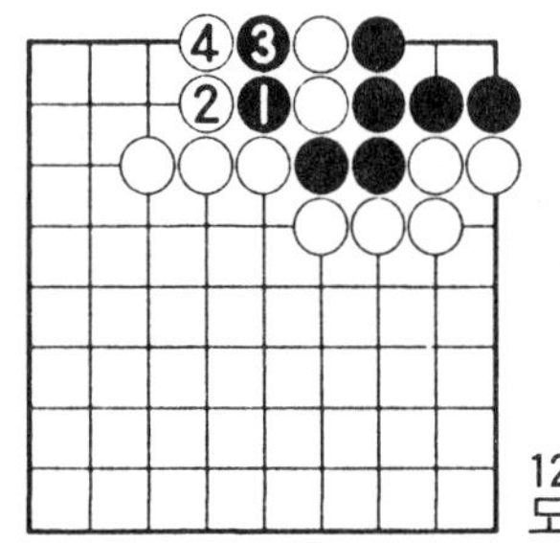

는 흑집 5집내의 중심을 노린다.

하변의 힌트는 백의 희생타를 던져 죽일 것을 생각한다.

우선 두 점을 사석으로. 이어서 한 점을 사석으로 하여 흑이 옥집의 사(死)로 쫓겨간다.

10도 상변문제의 답

12도

흑 1로 에워싸고 있는 백의 약점을 예리하게 찔러 흑은 위기(危機)를 벗어난다.

13도

이렇게 되어 흑의 삶이 분명해졌다.

상대의 약점을 늘리는 것도 중요하다.

10도 하변문제의 답

14도

흑 1의 끊음에서 역시 에워싸고 있는 백의 약점을

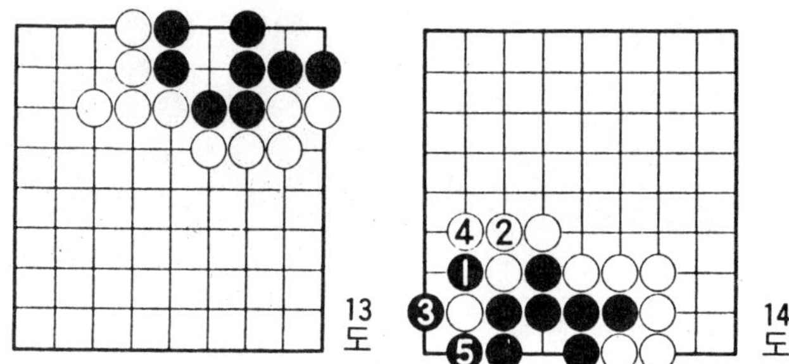

13도 14도

찾아내는 것이다.

흑5 까지 필연의 수순으로 살 수 있다.

15도

이것으로 흑이 살아났다는 것이다.

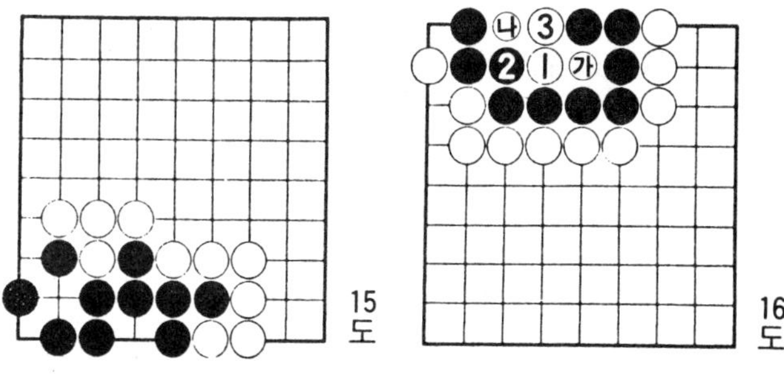

15도 16도

11도 상변문제의 답

16도

정해는 백1의 일발(一発). 이것으로 흑이 죽게 된다. 이것을 '오목중수(五目中手)'라 한다.

백3 이후, 백가로 두고, 흑나로 백 3점 따더라도,

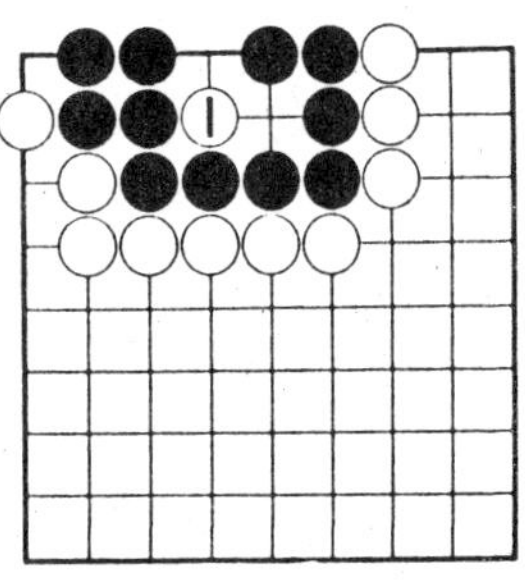
17도

17도

백 1에서 '삼목중수(三目中手)'의 흑사(黑死).

11도 하변문제의 답

18도

백 1로 2점 희생타를 두어 흑 2로 빼앗기면——

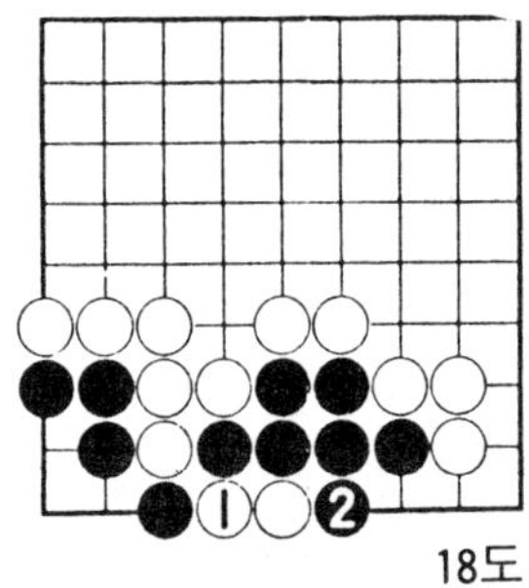
18도

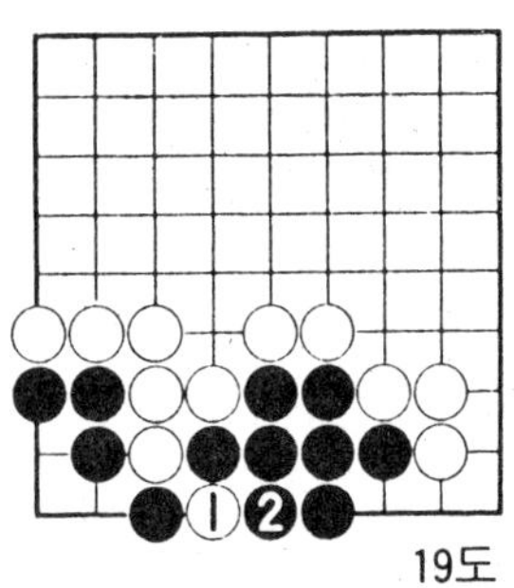
19도

19도

이렇게 되어, 그 후 다시 백 1로 사석을 주면 1 흔적은 흑의 옥집이 되고, 흑은 사형이 되어버린다.

당연히 받는 수

바둑에는 지나친 만큼 당연히 두는 수라는 것이 있다. 이것을 모르고는 바둑을 둘 수 없다는 것이 되는데, 이제부터 나타내는 당연한 수는 바둑에 대해서는 전혀 몰라도 둘 수 있을 정도로 바둑을 알기 이전의 수라 할 수 있을 정도이다.

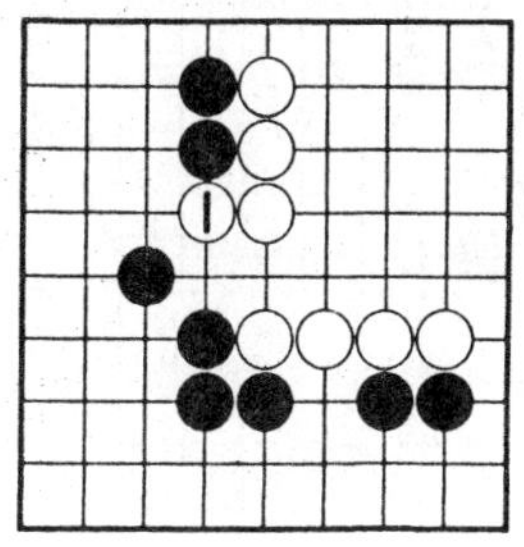

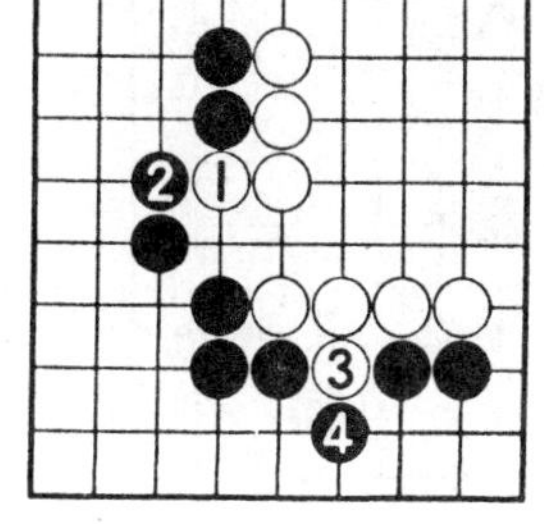

1도

백1로 나오면 이것은 흑 노타임에서 두는 수는 정해져 있는 것과 같다.

2도

백1로 나오면——

흑2로 받도록 정해져 있다. 적어도 생각하고 두는 수는 아니다. 이런 곳에서 생각해서는 언제까지고 바둑의 직감 따위는 생기지 않을 것이다.

백3에도——

흑4의 받음.

정해져 있는 것이다.

가령 그 받는 수를 다른 곳으로 두고, 반대로 백2와 백4를 두게 하면 흑이 난처하다.

3도

백1로 두었느데——

흑가로 두고——

백나로 두게 하여, 흑 좌상귀 펀치 따위는 바둑이 아니다. 흑2에서는——

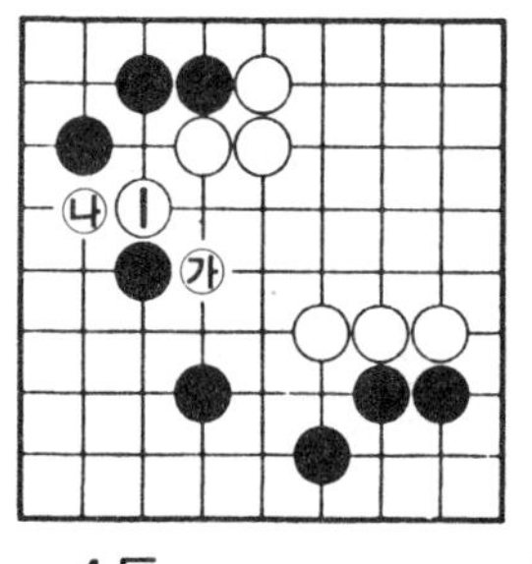

3도

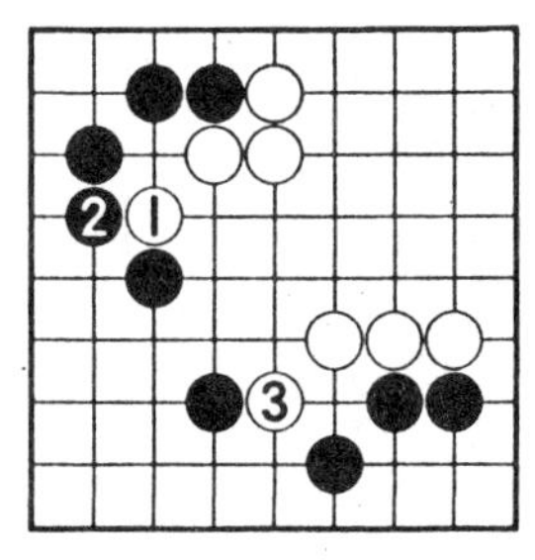

4도

4도

흑 2 로 받도록 정해져 있다.

그리고 백 1, 흑 2 를 당연한 수로서 받아들이는 사람이 백 3 으로 나오면 흑이 두는 수를 모르는 일은 절대 없을 것이다.

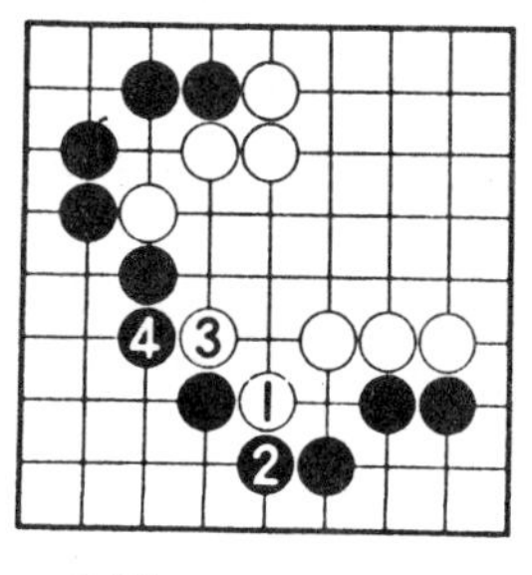

5도

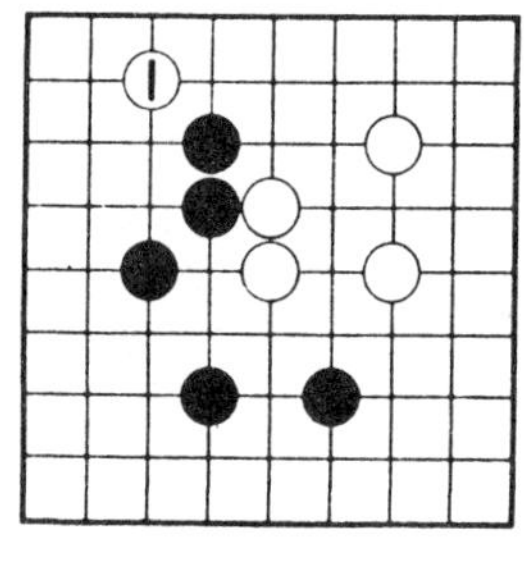

6도

5도

백 1 에 흑 2, 백 3 에 흑 4, 모두 당연한 흑의 받음이라 할 것이다.

이것이 이와 같이 받아들여지지 않으면 의아스럽게 여겨진다.

6도

백 1 은 터무니 없다고 밖에 할 수 없는 수이다.

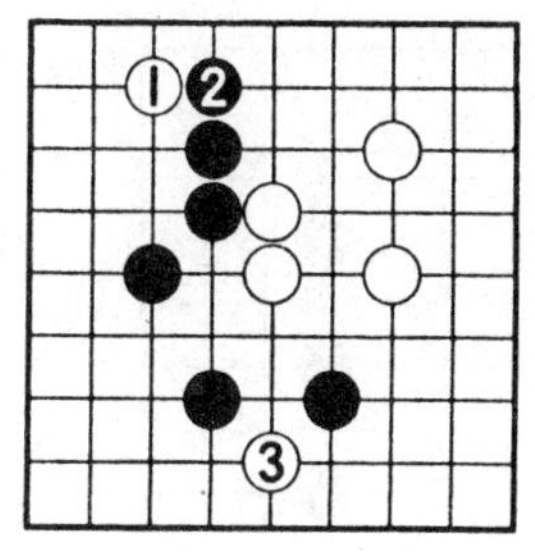

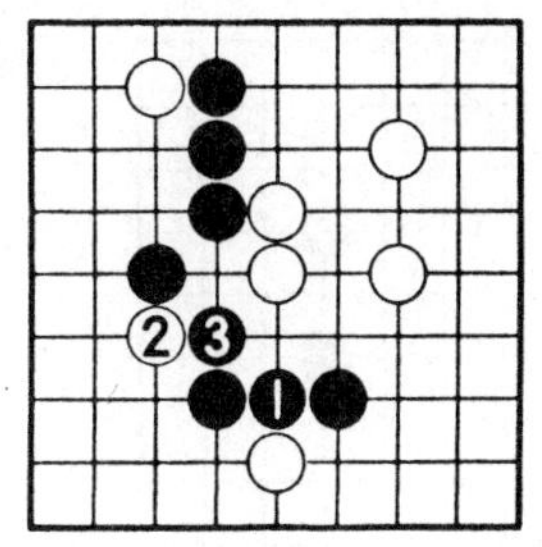

8도

그러나 그것을 어떻게 하면 막을 수 있는지 모르면, 어떤 일을 당할지도 모른다.

어떻게 하면 흑은 좋을까?

저렇게 두면 이렇게 나오고, 하는 생각은 그만두라.

'서툰 생각은 그만두는 편이 낫다'

이렇게도 저렇게도 할 수 없다.

이런 때, 흑이 두는 수는 정해져 있지 않은가?

7도

흑2로 정해져 있다.

백3으로 일전해도…….

8도

흑1. 이것도 정해져 있다.

흑 연속, 그리고 백의 연락을 확실하게 끊는다.

백2에 흑3도 알 수 있다.

9도

흑 2점을 무엇 때문에 이렇게 두는 것인가?

그것은 우방면으로의 흑진지의 구축. 그 의식이 있으면——

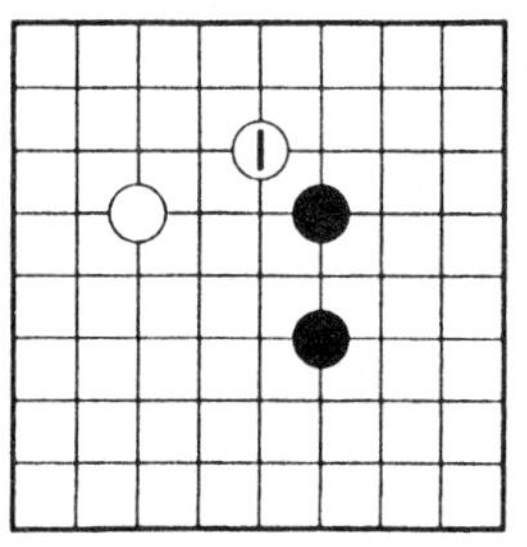
9도

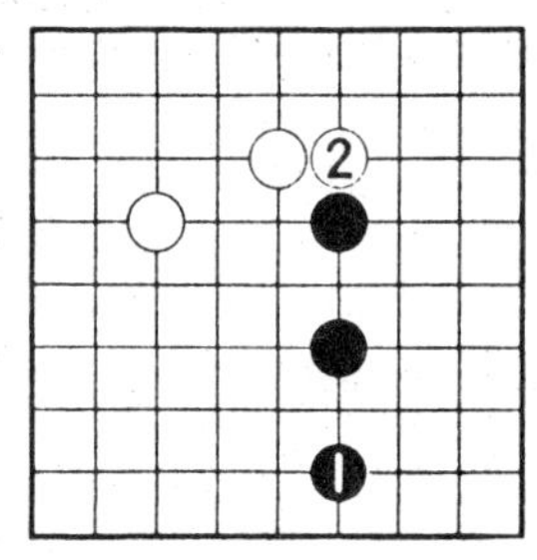
10도

백 1 등으로 나오면, 다음의 흑의 한 수는 절대라고 볼 수 있다.

백 1 은 바로 흑의 성문 정면 입구에서 공격해 온 것과 같은 수이므로.

10도

흑 1 로 두었다고 하면 이 위태로움에 전혀 둔감이다.

바로 백 2 로 흑의 성문은 부서지고, 뿐만 아니라, 백의 진이 늘어나게 되면 더 불편하게 되는 곳이다.

11도

흑 2 로 당연히 받는 한 수.

백 3 에는 흑 4 로 후진 방위에 절대의 응전 태세를 확실히 인식해야만 한다.

11도의 응전 태세에 납득이 가면——

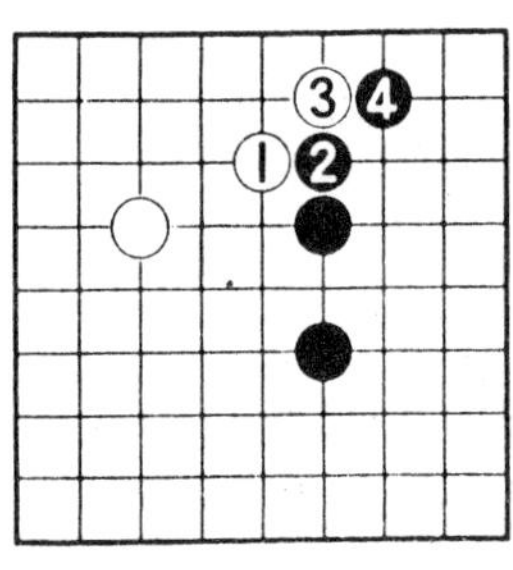
11도

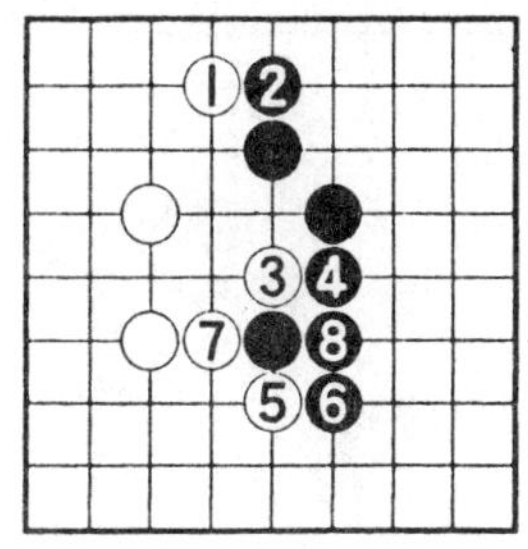

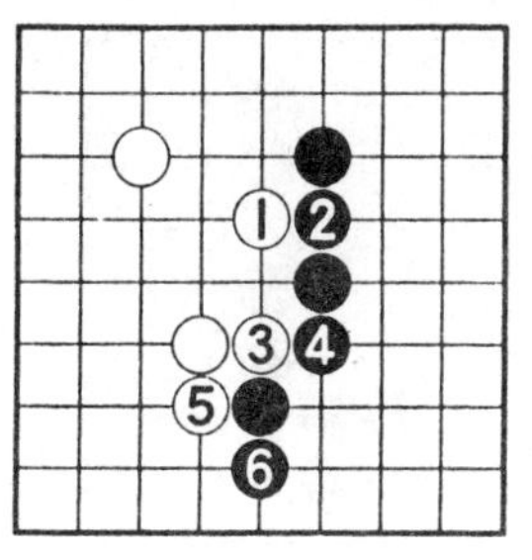

12도

백1 이하의 공격에 충분히 저항할 수 있게 되었을 것이다.

흑2, 4, 6, 8, 모두 당연한 받음으로 볼 수 있다.

13도

다시 받음의 연습을 하자.

흑2 이하, 흑6으로 훌륭한 응전 태세이다.

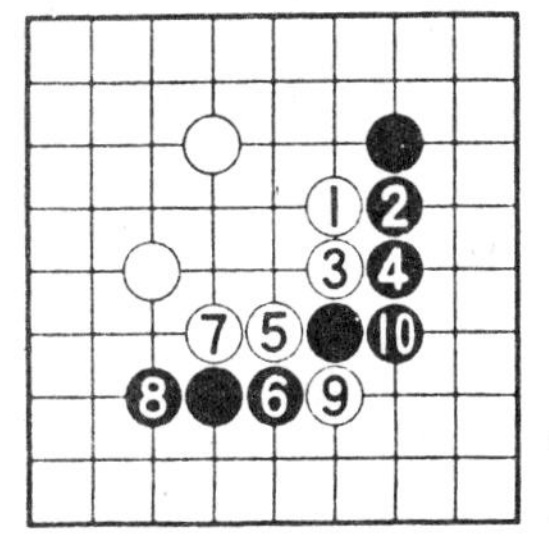

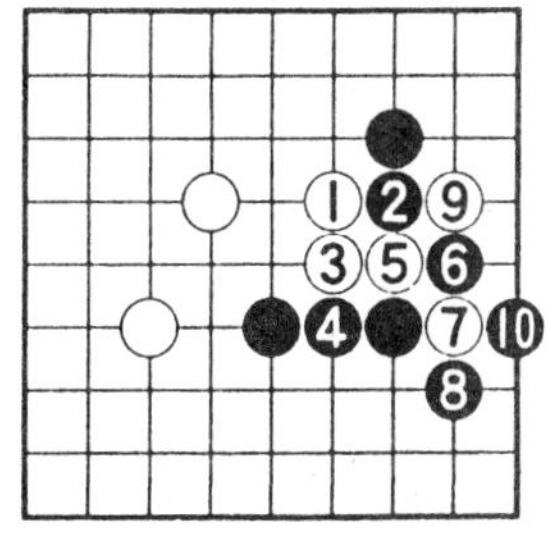

14도

흑2 이하 흑10까지, 그 받는 방법은 당연하다고 넘겨버리면 그것뿐이지만——

15도

흑의 정확한 받는 방법을 익혔으면 한다.

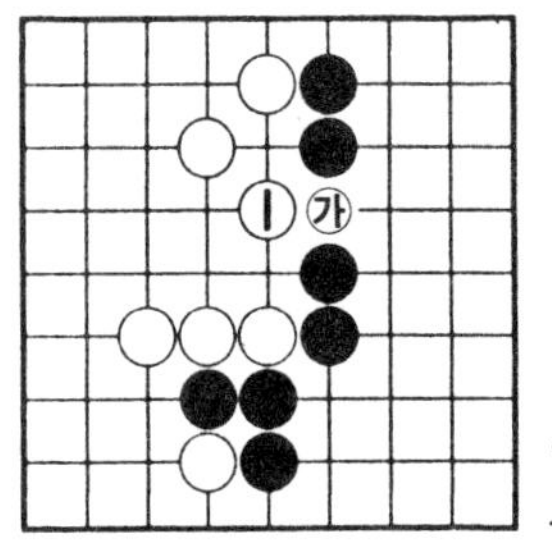

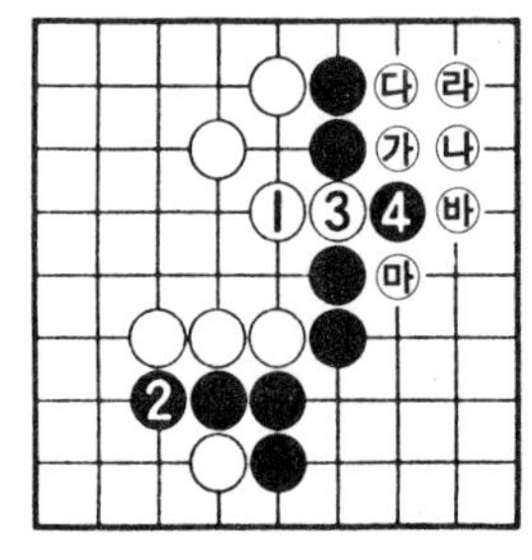

16도

백 1 로 왔다.

11도에서 15도를 충분히 연습한 독자는 이미 요령은 알고 있는 만큼, 흑 2 에서는 당연히 흑**가**로 받게 될 것이다.

그렇지만 정해는 그것이 아니였다.

즉 바둑에는 받지 않아도 될 것이라면 받지 않고, 다른 더 좋은 곳에 선착한다는 방식도 있었다.

여기서는 흑**가**로 받을 필요는 없었다.

17도

백 1 에 대해 흑은 이곳에서 손을 떼고 흑 2 (이곳이 국중 최대의 호점)에 선착한다.

백 3 은 당연한 순서. 그렇지만——

흑 4 로 여기서 받지 않아도 된다.

흑 4 는 물론 당연한 받음이다.

그럼, 그 후 백**가**로 끊길 염려는 없을까?

백**가**에는 흑**나**, 백**다**, 흑**라**, 백**마**, 흑**바**.

흑진영에는 아무일도 일어나지 않았다.

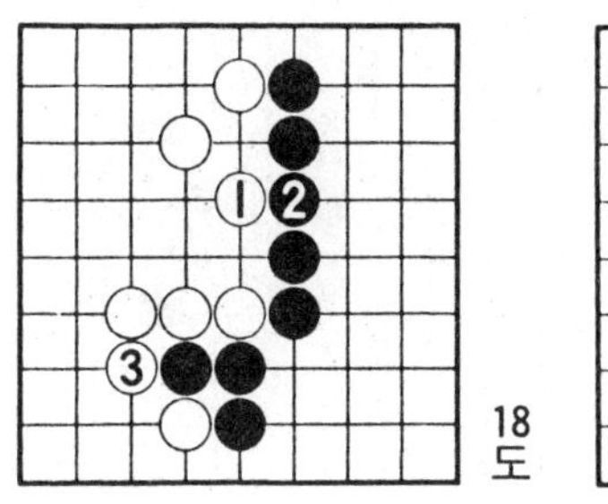

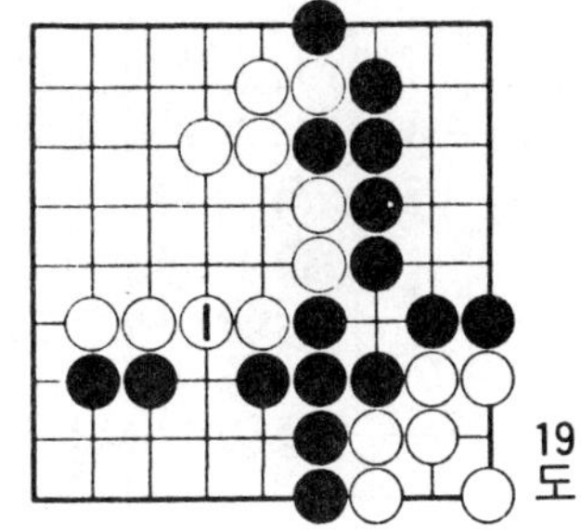

18도

백 1 에 흑 2 로 받으면 어떨까. 그것은 백 3 으로 이 큰 곳을 백에게 두게 한다.

19도

백 1 로 두었다.

흑은 어떻게 두는가?

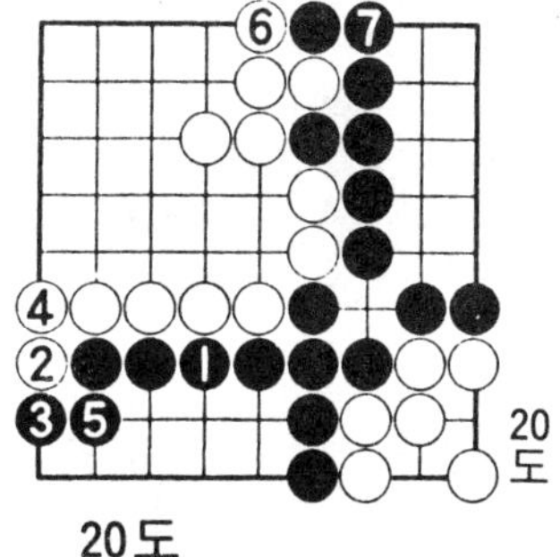

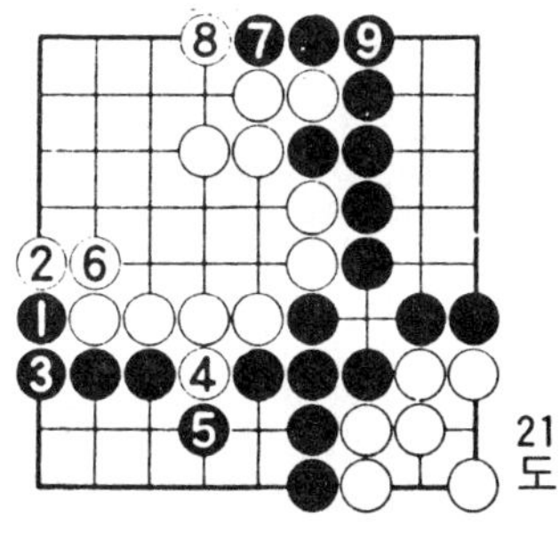

20도

흑 1 로 받으면 백 2 이하 흑 7 까지가 되어 백 4 집의 승리.

21도

흑 1 로 재빨리 끝내면 백 2 이하 흑 9 까지 백 20집으로 무승부. 받을 필요가 있냐 없냐를 판단하는 안

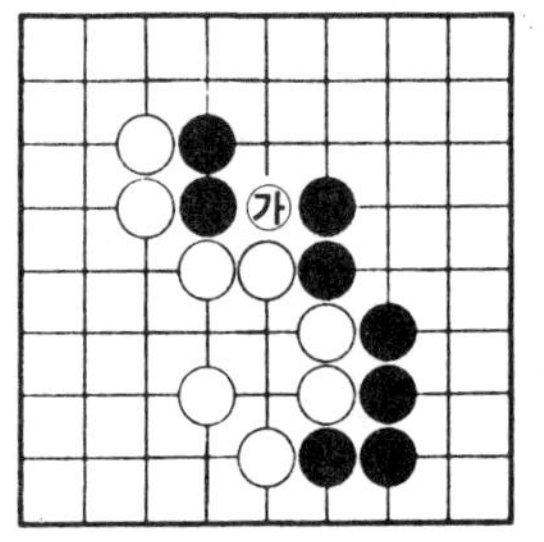

22도

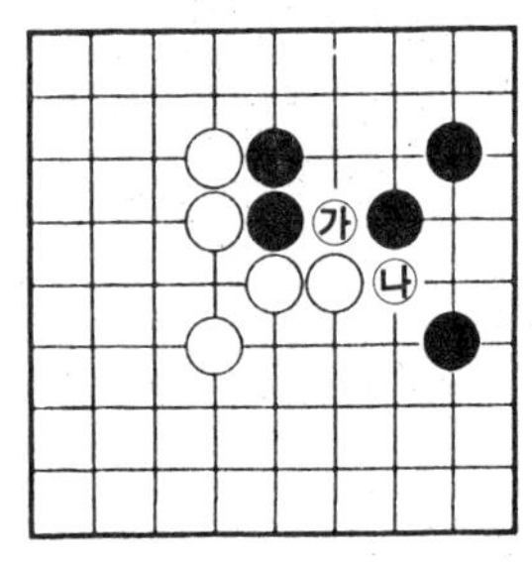

23도

목도 중요.

받을 필요가 있는가, 아니면 필요없는가는 우선 손을 뗀 경우 백에서 어떻게 나오느냐, 약간이라도 읽을 수 없다면 판단하기 어렵다.

그만큼 입문자에게는 좀 번거로운 것이다.

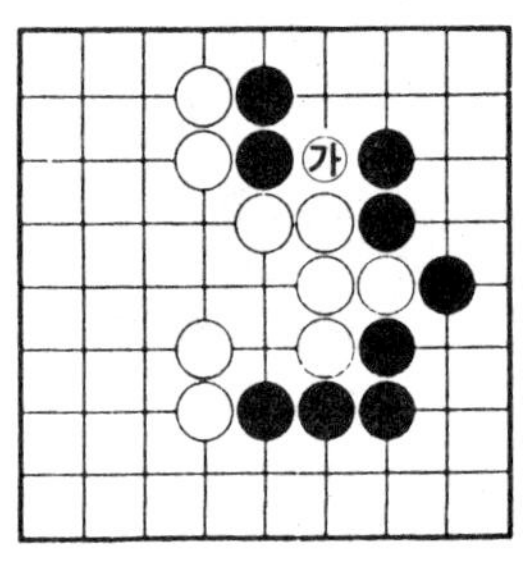

24도

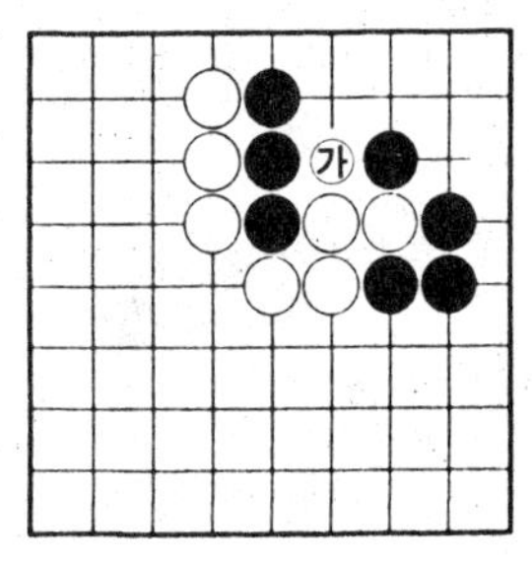

25도

22도 제 1 문에서 25도 제 4 문까지 이 4 문제는,

흑**가**의 점, 혹은 흑**나**의 점에 받을 필요가 있는가?

아니면 필요없는가?

하는 문제이다. 흑이 손을 떼고 백**가**로 나오면 어떻게 되는가, 문제는 그것이다.

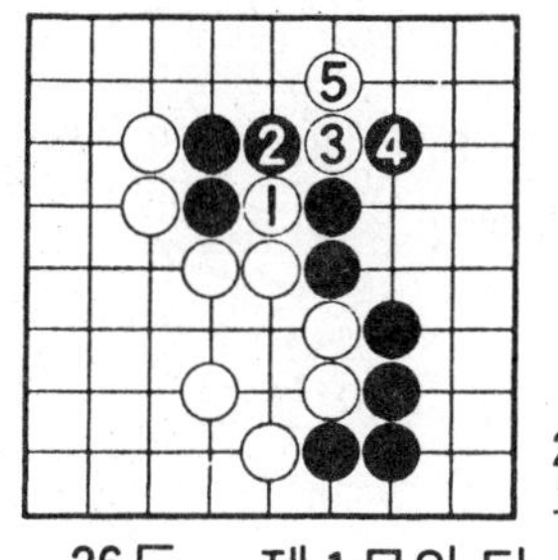

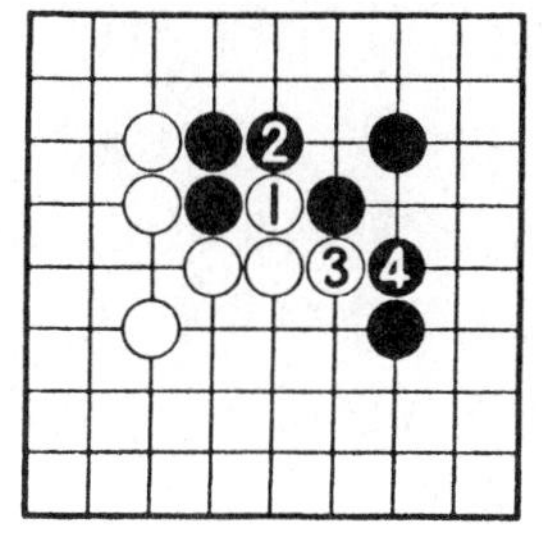

26도 제 1 문의 답

정해는 받을 필요가 있다. 받지 않으면 백 1, 3 의 나와끊음으로 흑이 잡힌다.

27도 제 2 문의 답

손을 떼도 백 1 에는 흑 2, 백 3 에는 흑 4 의 받음으로 흑은 아무렇지 않다.

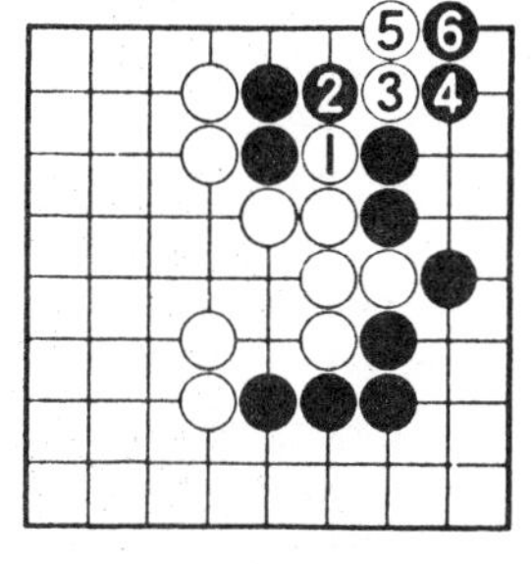

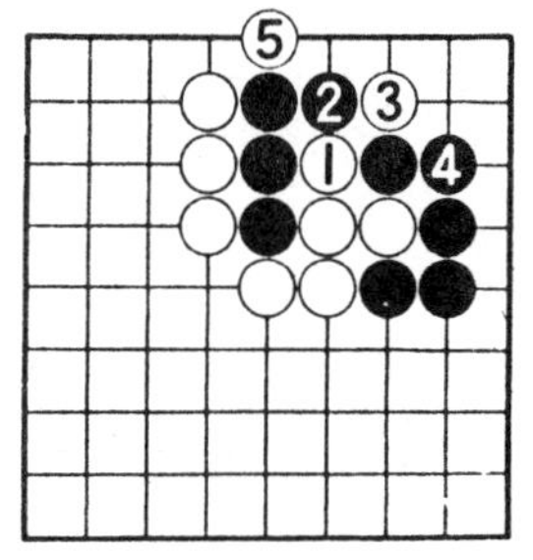

28도 제 3 문의 답

받지 않아도 된다, 가 정해.

백 1 이하는 흑이 제대로 응해 아무일 없다.

29도 제 4 문의 답

정해는 받는 한 수이다. 받지 않으면 흑은 잡힌다.

실전의 주의 사항

①바둑을 둔 일이 없는 사람끼리 시작할 것.

②바둑판은 9줄 판, 혹은 13줄 판을 이용할 것.

③흑부터 먼저 둘 것.

④포석은 너무 끝으로 두지 않는 편이 좋다.

1도

판끝에서 세어 3선상(三線上 ; 흑1이다)이나 4선상(백2이다)이 포석의 기본 선상이라 불리워진다.

흑3의 2선상, 백4의 1선상을 처음부터 두는 것은 악수(悪手)로 정해져 있다. 후에 필요에 따라 두는 것이라면 된다.

⑤무엇을 어떻게 하면 좋을지 아무리 해도 모르면 상대의 돌에 붙어가는 접촉전을 시도하고, 따고, 빼앗기는 연습을 하는 기분으로 두어 보는 것도 좋을 것이다.

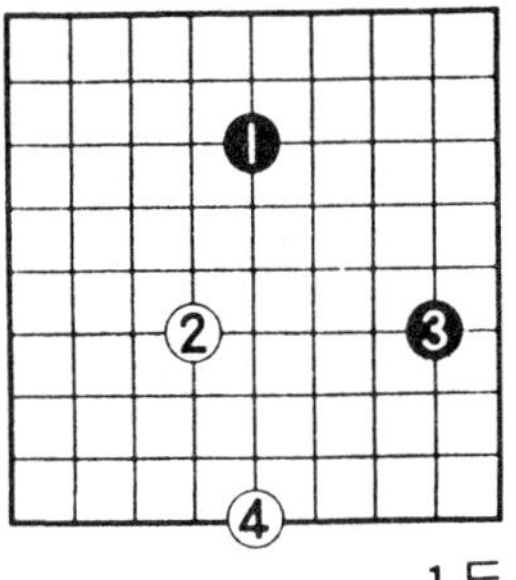

1도

19줄의 정식 바둑판(正碁盤)을 이용하지 않고 이 소바둑판(小碁盤)을 권하는 이유는 무엇보다도 일국의 끝이 빨리 찾아온다는 것으로, 어떻게 해서 바둑이 끝나는가, 어떻게 흑집 몇 집 대 백집 몇 집으로 어느쪽이 몇 집승이 되는가, 그 승부의 결정 방법을 기억하고, 그 경험을 얻마나 많이 가질 수 있느냐에 있다.

바둑 입문과의 졸업생, 우등생이 상수인가, 하수인가의 촛점은 그 끝내기에 있다.

끝내기를 확실하게 파악하는 것이 무엇보다도 중요하다.

보통 9줄 판에서 10국 정도 경험하면 거의 요령은 알게 될 것이다.

문제는 그 10국에 이르기까지로 끝나감에 있어, 도저히 모르겠으면 서로 기권을 하면 그것은 바둑을 둘 수 있는 사람에게 봐달래는 것이 제일 빠른 방법으로 독학을 하게 되면 힘들 것으로 생각한다.

또한 그 바둑을 둘 수 있는 사람이 옆에서 대국의진행을 보고 있으면, 단수로 잡힌다든지, 그곳은 잇는 한 수라든가, 말해주고 싶겠지만, 일체 그런 조언은 삼가하자.

조언과 충고를 할 때는 착수 금지점으로 두었을 때라든가,패를 곧 되찾았을 때라든가,루울을 위반했을 때에 한한다.

또한 여기에 실은 기초 지식의 이야기는 9줄 판에서만 유효한 것이 아니라, 정식 바둑판에서도 그 지식은 그대로 도움이 된다.

책을 읽는 것은 이 정도로 하고 바로 실전에 임하도록 한다. 대국에 소비하는 시간은 빠를수록 좋다.

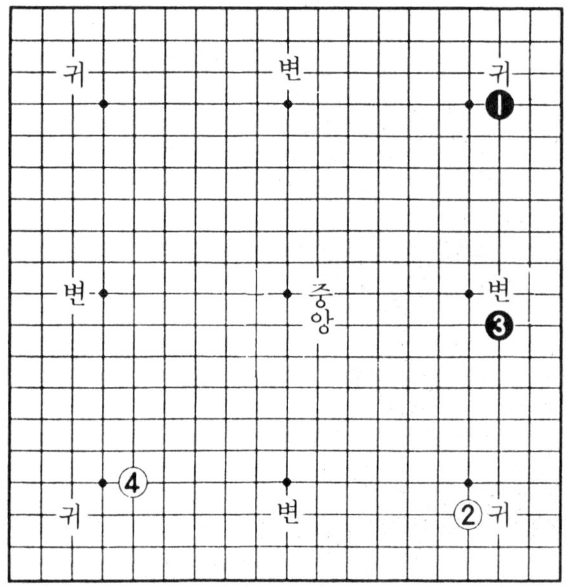

정식 바둑판

바둑판상(上)의 명칭

이것은 가로, 세로 19줄의 정식 바둑판인데, 작은 바둑판이라도 명칭은 마찬가지이며, 이 책에 사용되고 있는 바둑판상의 명칭을 적어 둔다.

귀 4개, 변 4개, 그리고 중앙.

지금 흑 1 에서 백 4 까지 두었다고 하면, 우상귀 흑 1, 우하귀 백 2, 우변 흑 3, 좌하귀 백 4 로 두었다.

정확하게는 흑 1 은 소목의 위치, 백 2 도 소목, 흑 3 은 외목, 백 4 는 고목 등등 각각 명칭이 있는데, 입문자는 거기까지 기억해 둘 필요는 없다.

제3장

포석의 마음 가짐

바둑이 어떤 게임인지 그 대략적인 것을 이야기하였다.

모르는 사람끼리 해 보아도 생각보다 쉽다. 자기도 모르게 바둑다운 것을 하게 될 것이다.

가령 그 장소에 바둑을 모르는 사람이 들어와서 본다면, 두고 있는 본인은 어리둥절해도 바둑을 둘 수 있구나 하고 다시 보게 될 것이다.

바둑은 지적 게임, 그리고 고상한 게임으로서 바둑을 두지 못하는 사람이 보면 역시 무언가 둘 수 있는 사람을 높게 보는 경향이 있다.

내용의 사소한 것만 안다고 해도 경험이 생기면서 단수와 끊음, 이음을 바로 알 수 있게 된다. 경험은 하지 않는 것 보다는 하는 편이, 적은 것보다 많은 편이 좋도록 되어 있다.

대체 무엇을 알면 바둑을 잘 둘 수 있을까, 그 요구를 충족시키는 것은 이제부터이다.

자신은 무엇을 계획하고 있는가, 무엇을 의도하고 있는가, 설령 좋은 수가 아니라 하더라도 자기나름대로 생각하는 것이 있어서 두는 것은 중요하다.

영문도 모르고 프로의 흉내를 내고, 후속 수단이 따르지 않으면 아무런 가치도 없을 것이다.

첫번째 착수에서부터 의도를 알고 두는 즐거움은 각별한 것이다. 그렇다면 없어서는……

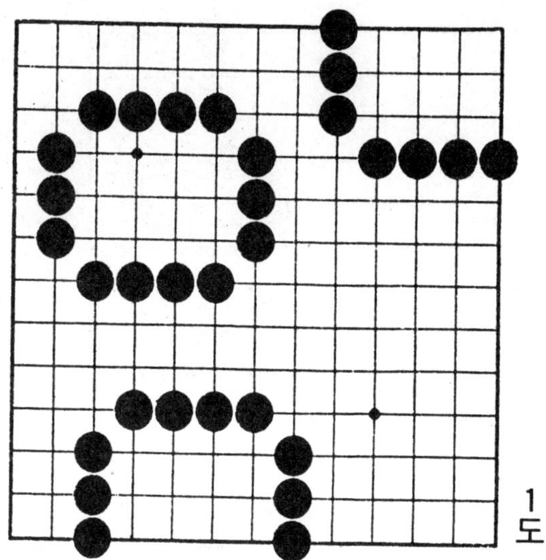

1도

이제부터 가로, 세로 13줄의 13줄 판을 이용하여 해설한다. 9줄 판과 비교해서 가로, 세로 겨우 4줄씩 연장한 것에 불과하지만, 실은 88로(路)나 늘어나 있다.

무대는 훨씬 늘어난 느낌이 드는 것이 당연.

사실 넓어졌으므로…….

집은 귀가 유리

집이 많은 쪽이 이긴다는 결론은 이렇게 분명한 만큼, 집을 만들려면 어디가 가장 유리한가, 하는 이것

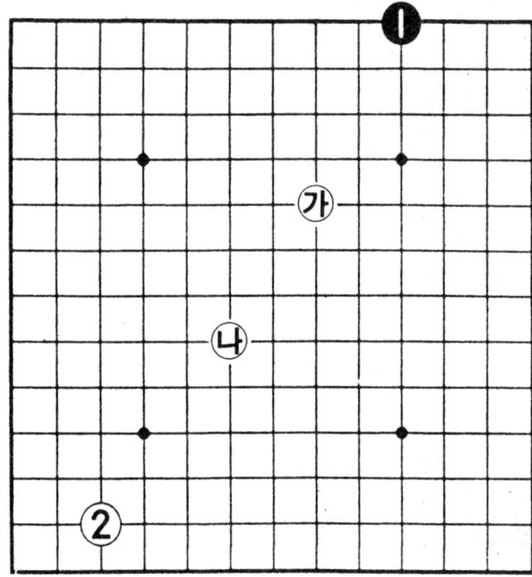

이 당연히 문제된다.

1도

우상귀, 중앙, 하변, 이 세가지의 그림은 무엇을 의미하고 있을까.

그것은 같은 12집의 집을 만드는데 귀는 7 점으로, 중앙은 14점으로, 변은 10점으로 둘러싸고 있다.

그것은 가장 적은 돌수로 능률적인 집을 만드는 곳은 '귀'라는 분명한 답이 나온다.

2도

아무리 바둑을 모른다고 해도 흑 1 과 백 2 와 같이

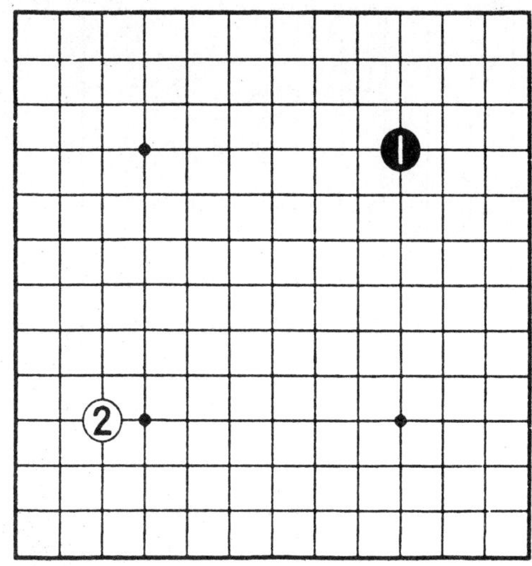

3도

이런 바둑판에서 떨어질듯한 곳에서 두는 사람도 있으나, 이것의 나쁜점은 누구든지 납득할 수 있을 것이다.

그 반대로 흑가 나 백나 같은 대지를 얻으려 욕심내는 것도 그것을 마무리 짓는데 힘들 것이다.

제 1 착수

3도

흑 1 과 백 2 와 같이 3 선, 혹은 4 선상에(한쪽 끝에서 센다) 두는 것이 적절하다고 여겨진다. 이 선은

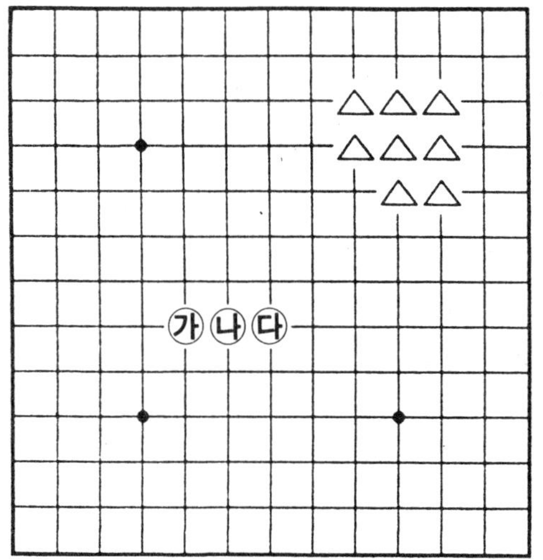

포석의 기본선으로서 가장 진지를 구축하기 쉬운 선이다.

4도

우상귀 △표로 나타낸 8점. 이것이 상식적인 귀의 제1 착수가 된다.

가, 나, 다 등 한복판에 두는 수는 악수라고까지는 말할 수 없어도 적어도 프로도 이해하기 어려운 착수라 할 수 있다.

우선 이해할 수 있는 수부터 시작하는 것이 순수한 태도일 것이다.

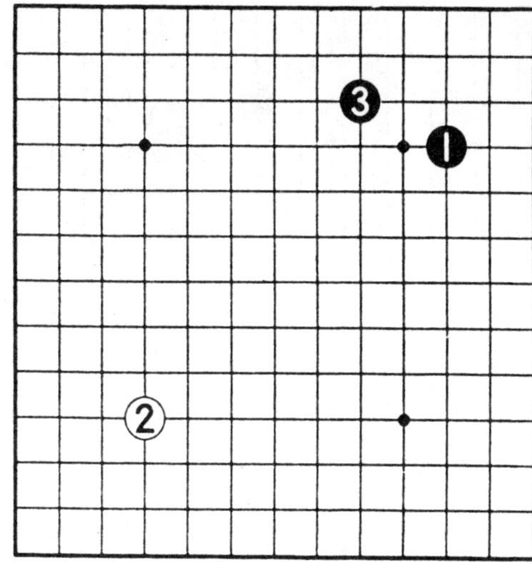
5도

제 2 착수

5도

흑 1 의 다음에는 흑 3 으로 두어 진지를 구축한다.

능률적으로 집을 에워싼다.

이것이 진지 구축의 요령이다.

그렇지만 이것으로 정말 괜찮은가?

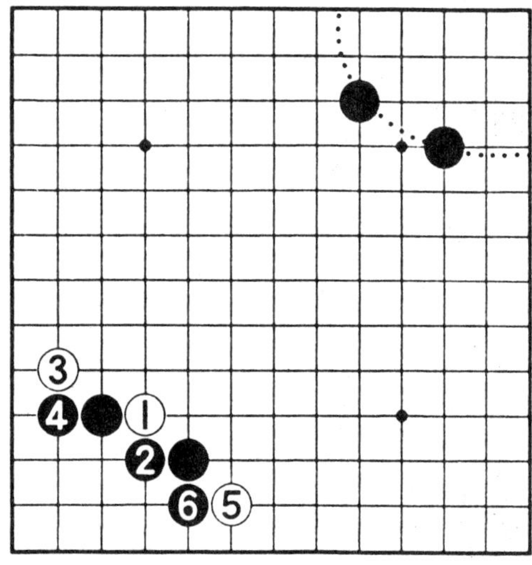

6도

날일자로 붙은 이 뼈대(骨組)에서 점선으로 나타내는 예정선내의 귀 10집 남짓이 흑집으로서 확보된다. 이 점선상을 흑돌로 굳히는 것은 백의 돌이 접근해왔을 때 적당하다. 그것을 좌하귀에서 알아 보자.

백1 이하 흑이 순순히 받으면 된다. 흑, 튼튼하다.

7도

백1 이하 백7로 흑진속으로 백 침입하면 이것은 흑으로서 백을 봉쇄하는 것이 선결이며, 이렇게 되는 것은 흑이 백을 포위하고 일방적으로 백이 사느냐 죽느냐 위협할 수 있으므로 이것은 흑이 환영할 일이며

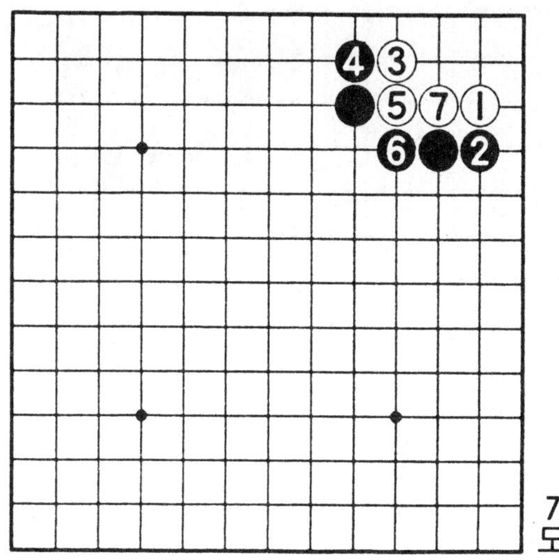

7도

피하거나 망설일 이유가 아무것도 없다.

8도

우상귀, 능숙한 사람이 흑으로 먼저두면 흑1로 자군의 약점(그곳이 끊긴다)을 굳히고, 귀의 백을 주시하고 있다가 죽인다.

백2 이하 백6으로 필사의 몸부림이지만 흑은 냉정하게 흑9까지로 백이 죽게 한다.

그러나 입문에 있는 사람에게는 이 사활 문제는 어려울 것이다.

좌하귀, 백이 먼저 두어도 원래 살아남을 수 없는 것을, 흑이 먼저 두어 흑1 이하 백4로.이와 같이 백

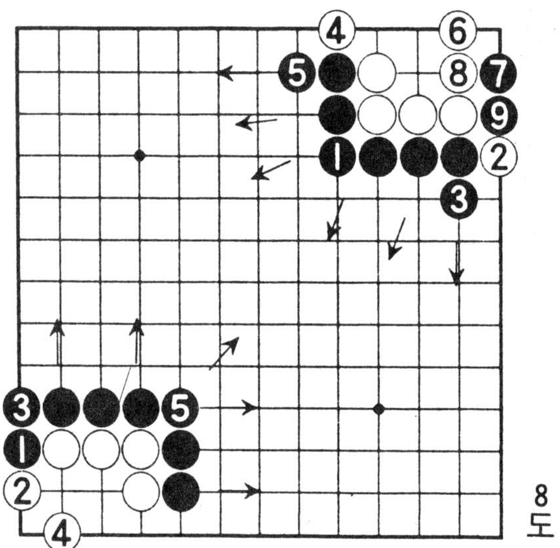

을 살리고 말았다.

무엇보다 백의 응수는 내가 하였으므로, 이것이 입문자가 하면 백도 역시 무엇을 할지 모르며 결국 운이 좋은 쪽이 좋아진다는 것이 될 것이다.

설령 흑이 실패하여 이와 같이 백이 살아났다 하더라도——

흑5로 이 약점을 단단히 지키고만 있으면 흑의 외세력은 강대하고, 가령 귀의 집을 백에게 양보했다 하더라도 이것은 이것으로 흑은 아주 좋다.

화살표 방향은 흑의 세력에서 발하는 '힘의 빛'을 나타낸 것이다. 눈에는 보이지 않지만 이 '힘의 빛'의 좋은 점을 인식해야 한다.

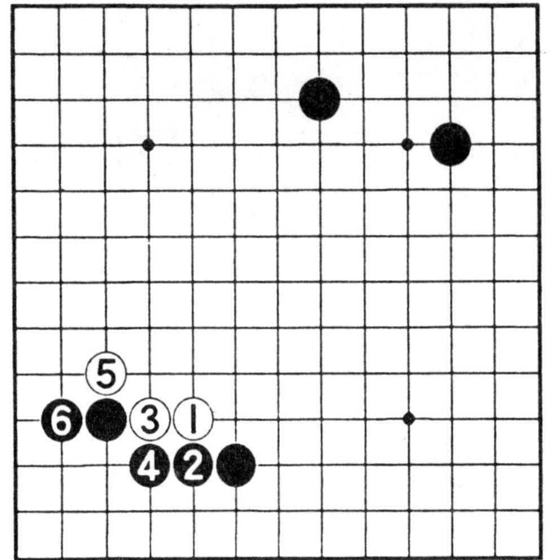
9도

9도

우상귀, 이것도 흑진.구축의 골격의 한 형태.

좌하귀, 백 1 이하 흑 6 까지 백이 바깥에서 흑진영을 살피면 흑은 당연한 받음을 준비하고 볼만한 응접태세이다.

우상귀에서 좌하귀로 옮겨가는 것은 다소 이해하기 힘들지 모른다. 우상귀로만 조이면, 입문자가 자칫하면 우상귀라면 알 수 있지만 다른 귀에서는 모른다(같은 형인데), 는 편견에 빠지기 쉬운 것을 피하기 위해서이다.

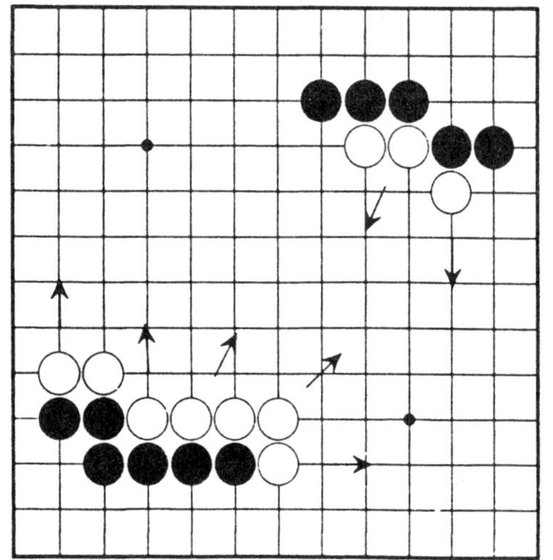

10도

우상귀에서의 백의 힘의 빛은 흑의 힘의 빛에 견제되어 백이 희미해진다.

좌하귀 백의 힘의 빛과는 비교가 안된다.

바둑은 모름지기 세력전이다. 그러므로 약세를 위협하는 강세의 구축이 필요하다.

11도

우상귀의 흑 진영 안에서 백 1로 돌입하였을 때,

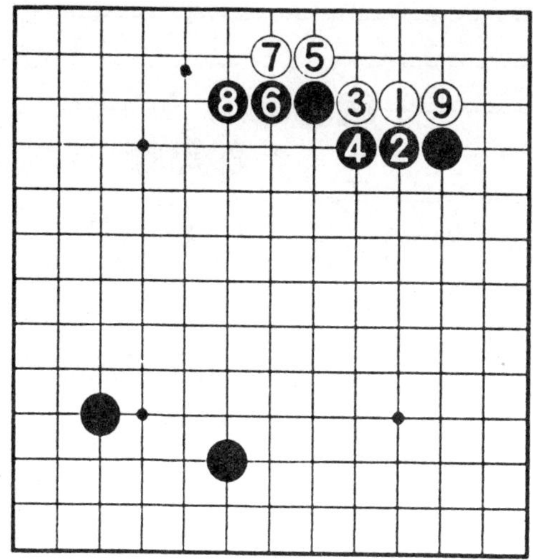

11도

흑2 이하 백9까지의 진행이 가능해진다.

따라서 흑의 진영 내에서 백의 땅을 당당히 확보할 수 있는 백으로서는 작전상 성공적이라 하지 않을 수 없다.

좌하귀의 원형은 우상귀의 시발점과 같은 모양이다. 그러나 바둑을 두는 사람은 좌하귀의 모양이 꼭 우상귀의 모양과 같이 진행되리라고는 생각하지 않는다. 왜냐하면 이미 우상귀에는 중앙을 향해 뻗어 나올 수 있는 강한 흑의 세력이 형성되어 있기 때문이다.

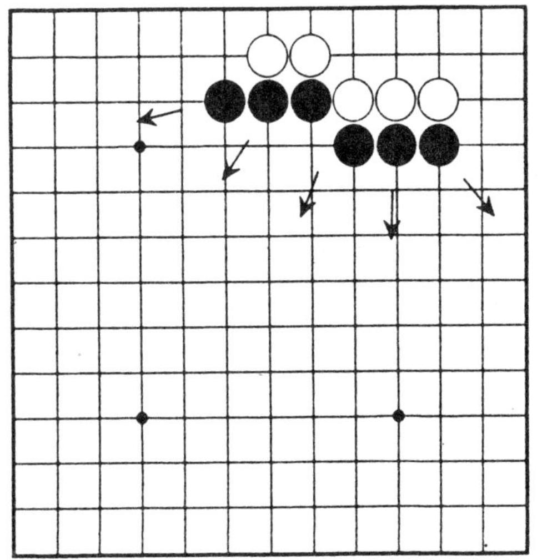

12 도

우상귀, 이것으로 흑은 나쁘지 않다. 그것은 미개의 광야를 향한 흑벽에서 발하는 힘의 빛, 그것이 굉장하기 때문이다.

그것은 앞으로 일어날지도 모르는 싸움에 흑이 양호하며, 집을 따기에도 흑이 양호하다.

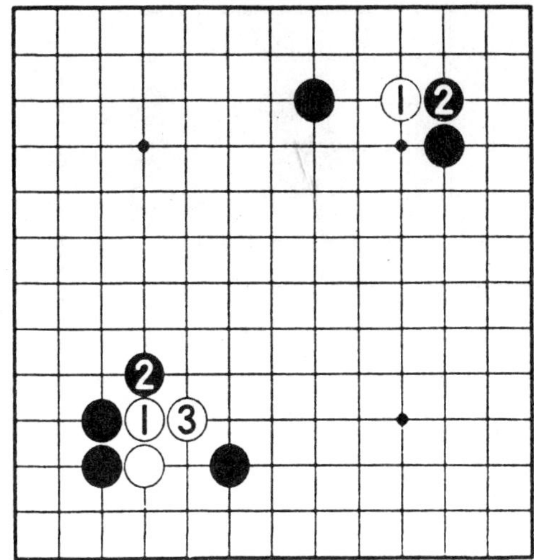

13도

우상귀, 백 1 에 흑 2 도 있다. 11도의 응접 흑 2 도, 본도 흑 2 도 접촉전시의 기본기를 받아들인 점을 놓치지 않도록.

좌하귀에 이어서 백 1 로 두면 흑은 2 분되는 일은 없을까?

흑은 백에게 2 분되었다.

그렇지만 흑의 돌수가 많은 흑세력권 내에서의 싸움이다. 흑이 불리해지는 일은 생각할 수도 없으나, 그렇다고는 해도 약간 정도가 높은 전법인지 모른다. 간명(簡明)한 장점을 취한다면 역시 11도의 흑일 것이다.

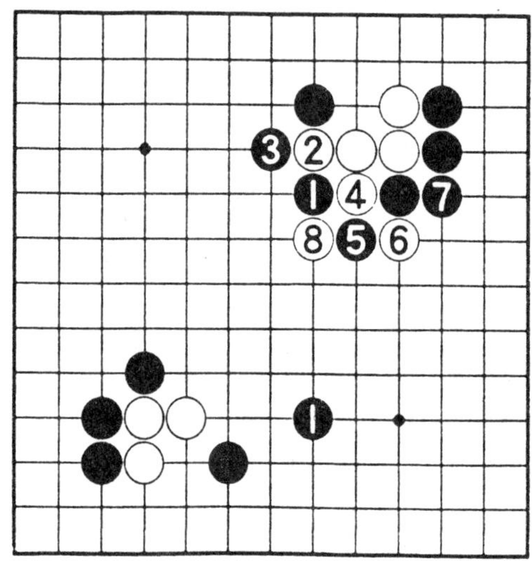

14도

우상귀 전도에 이은 흑 1. 이런 무리는 안된다. 흑의 파멸. 좌하귀, 흑 1 이 냉정한 방법.

여기서 다시 생각해 보고 싶은 것은 9 도와 11도의 흑의 응접이다. 흑의 당연한 받음이며 자연스런 돌의 진행이라 볼 수 있는데도, 한쪽은 흑집을 얻고 또 한쪽은 흑집을 빼앗기고 백집이 생겼다는 큰 차이이다.

이것을 어떻게 생각해야 할 것인가이다.

15도

우상귀, 화살표 방향으로 집을 얻는 일에만 돌은 작용을 할까?

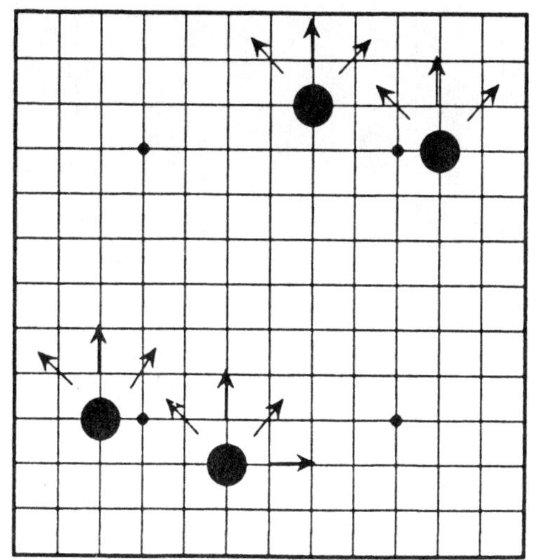
15도

좌하귀, 화살표 방향을 보는 외세에만 돌의 작용이 있을까?

틀리다.

돌이 작용하는 방향은 사방팔방으로. 그것이 옳은 견해이다.

그것은 때에 따라 변하며, 어떤 때는 집으로 작용하고, 어떤 때는 세력으로 작용하는 임기웅변이라 해야 할 것이다.

9도, 11도에서 보는 흑의 자연스런 무리가 없는돌의 진행에서도 양상이 변해가는 것도 결국 백의 나가는 방향에 따라 흑의 임기웅변의 처치라 볼 수 있다. 진지 절대 확보도 편견이다.

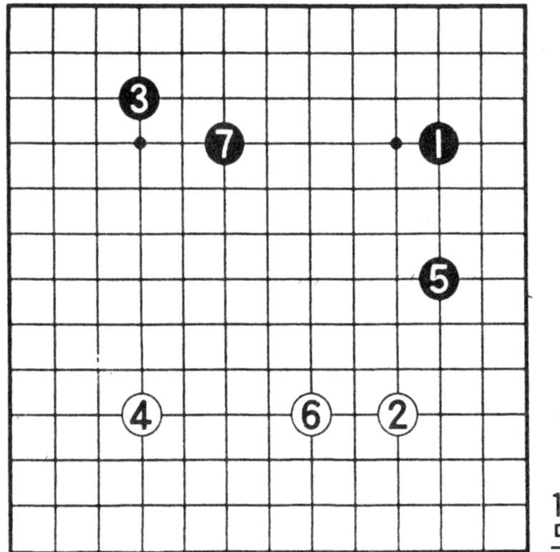

16도

흑1 이하 흑7까지의 포석. 프로도, 아마츄어도 그리 변함없다. 문제는 여기서 조급하게 상변일대 흑집을 기대하고 싶어지는 것이 입문자, 하변일대 백집으로 보는 것도 입문자일 것이다.

상변은 흑세력권으로 보아야 하며, 결코 흑집으로 보아서는 안된다. 흑집으로 하고 싶어하기 때문에—

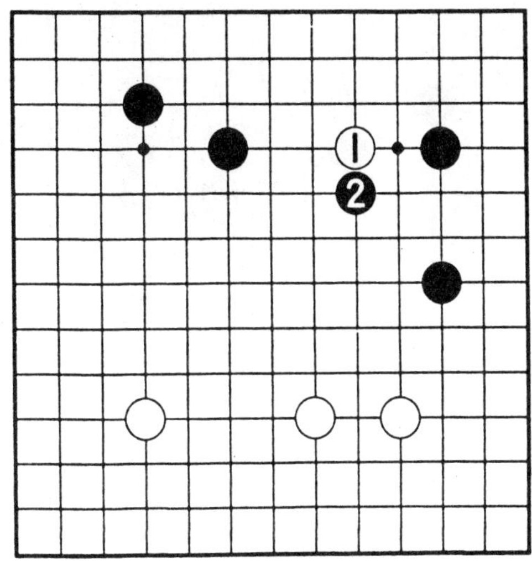

17도

백 1, 폭탄투하로 머리를 디미는 것이다.

그리고 어떻게 해서든 이 백을 해치우려 생각하기 때문에 흑 2로 붙여 마치 혼자서 연타라도 할 듯이 백을 누르고 붙인다.

흑 무리이다.

백 편안하다.

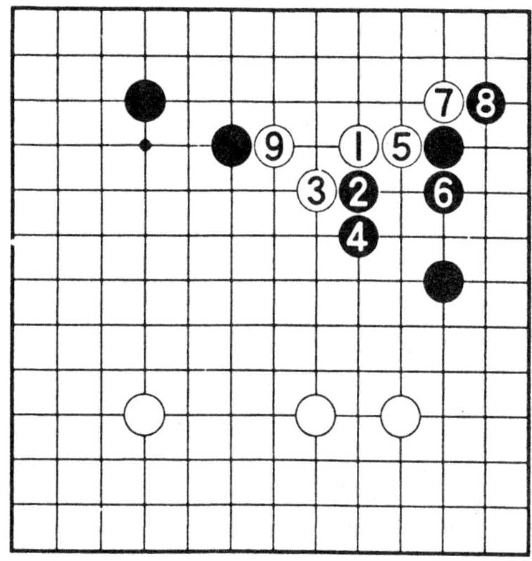

18도

'공격하고 싶은 돌에는 붙이지 마라'

흑 2 는 바로 이 말에 어긋난 행위로 백 3 이하 이대로 두라는 것이 아니라 백이 실수를 저지르지 않는 한, 이런 백이 위태로와질 일은 없다.

흑 2 는 백에 있어서 고마운 수이다.

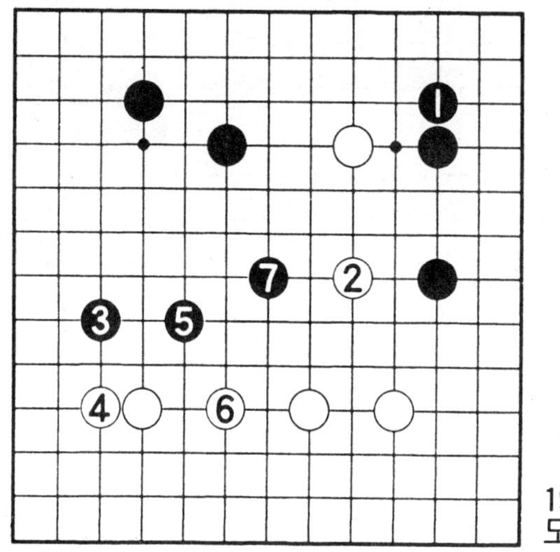

19도

흑 1 이 백에 있어서 인상이 나쁘고, 게다가 백이 수습되기 어려운 응전으로, 우선 백 2 로 도망쳐 오는 정도.

흑 3 으로 일전, 신천지를 찾는다. 어떤 일이 있어도 상변을 흑집화 시켜야할 이유는 없다. 다른데도 신천지가 있다.

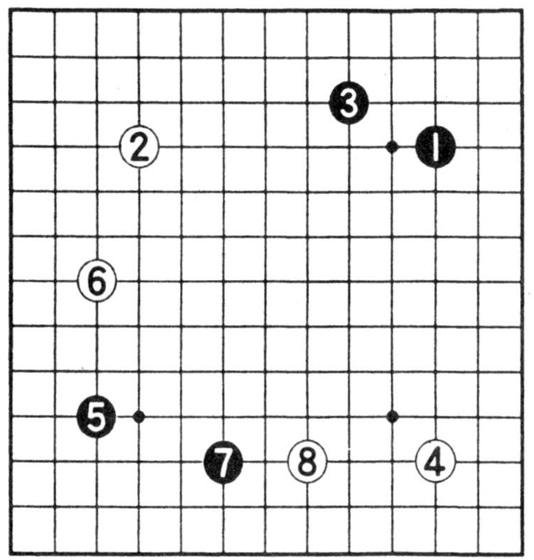

20도

흑 1에서 백 8까지 더 말할 나위 없는 당당한 포석이다.

서로 두 개의 돌을 맞추어 진지를 구축해 간다.

그러나 거기까지는 누구나 둘 수 있는 것인지도 모른다.

앞으로의 방법이 상수와 하수의 갈림길.

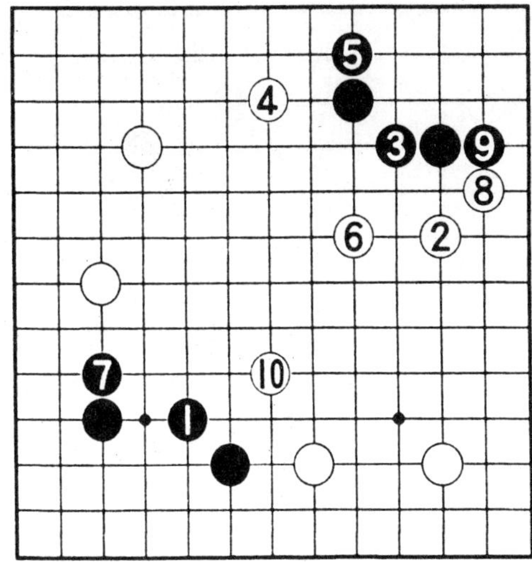

21 도

21도

흑3, 5, 7로 중반전의 중요한 곳에서 백이 허술해졌다.

이 3착(三着), 아무리 뭐래도 너무 융통성이 없다. 이 사이에 백4, 6, 10으로 한복판을 제압하게 되면, 대등한 상대라면 이미 승부가 났다고 해도 과언이 아니다.

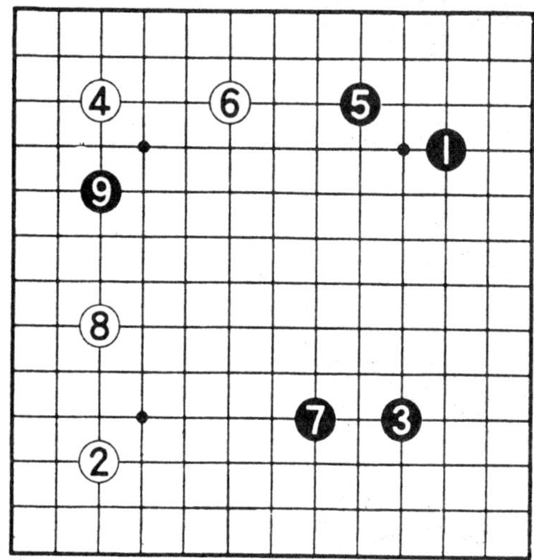

22도

흑 1 에서 백 8 까지 전례와 마찬가지로 두 개의 돌로 만든 진지 구축의 스타트.

전례에서는 그 후를 너무 융통성 없게 두어 실패하였으나, 이번에는 흑 9 로 백세력권의 한가운데로 쳐들어가 무모한 실패.

백집이 크게 보였다면 흑 9 는 질투에서 나온 행위라 할까.

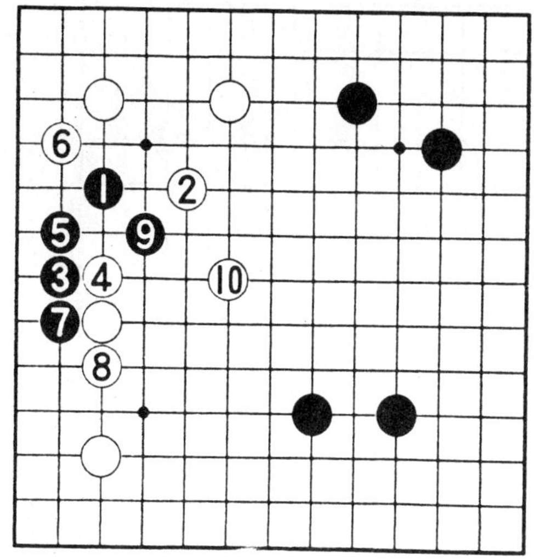

23도

백 2 와 이것을 '모자씌움' 이라 한다.

흑 3, 5 로 근거지를 찾지만, 흑의 그 위험스런 행위에는 할 말이 없다.

그러나 백 10 으로 도주로를 막히니 이번에는 너무 부드러워 흑 아웃. 백의 승리는 결정적.

이렇게 하나, 둘의 예에서도 볼 수 있듯이 융통성이 없는 것도, 부드러운 것도 그것이 도가 지나치면 비극을 초래하게 된다. 그런데——

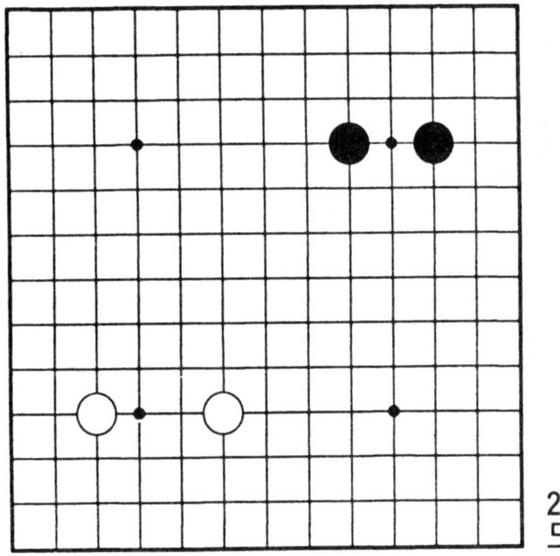

돌의 배합

24도

돌의 배합이라는 말이 자주 나왔다. 새삼 그 뜻을 살펴 보면,

우상귀 명칭 한 칸

좌하귀 명칭 두 칸

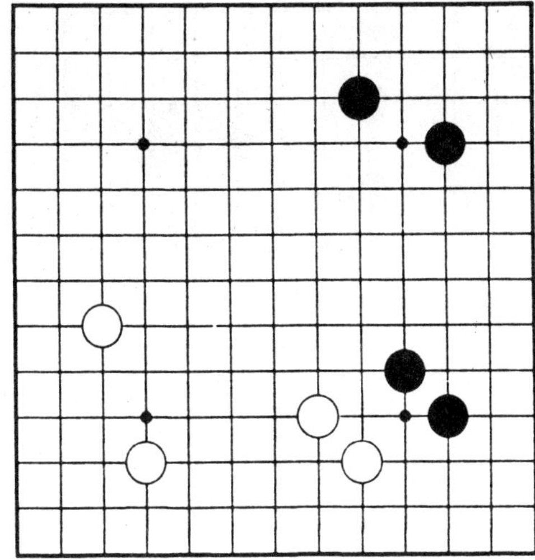

25
도

25도

우상귀 명칭 날일자

좌하귀 명칭 눈목자

우하귀 흑백 모두 마늘모

이 5종류의 배합이 기본형이다.

같은 한 칸이라도 그것이 장소와 두는 방향에 따라서 '한 칸 굳힘' 또는 '한 칸 벌림'이라고 그 명칭이 다르다.

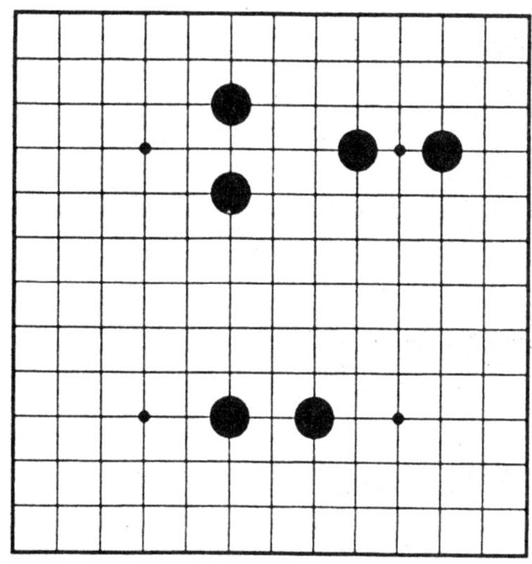

26도

우상귀, 귀에서 두면 '한 칸 굳힘'. 문단속한다는 뜻이다.

상변좌, '한 칸 뜀'. 한복판을 향해 뛴다는 뜻.

하변 '한 칸 벌림'. 벌림, 전개한다는 뜻이다.

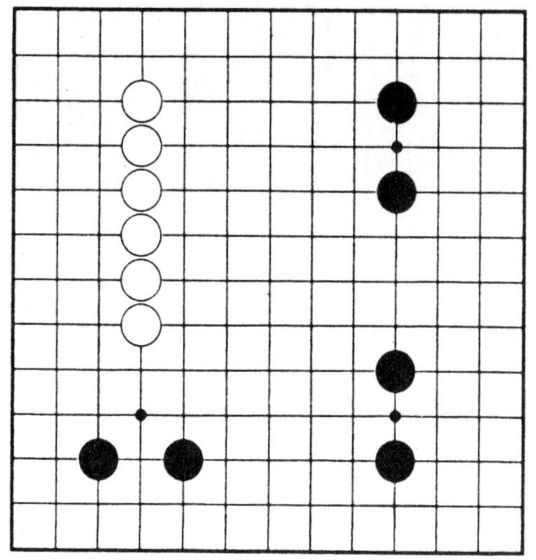

27도

돌의 배합의 참뜻은 '연속의 진화형' 으로 이 그림의 백·흑의 비교로 알 수 있듯이, 백의 연속에 의해 흑은 돌에 작용이 있는 것이다. 이런 포석에서 스타트 하면 그것만으로도 흑필승형이라 할 수 있다. 배합의 진의는 연속의 진화라는 것을 잊지 않도록.

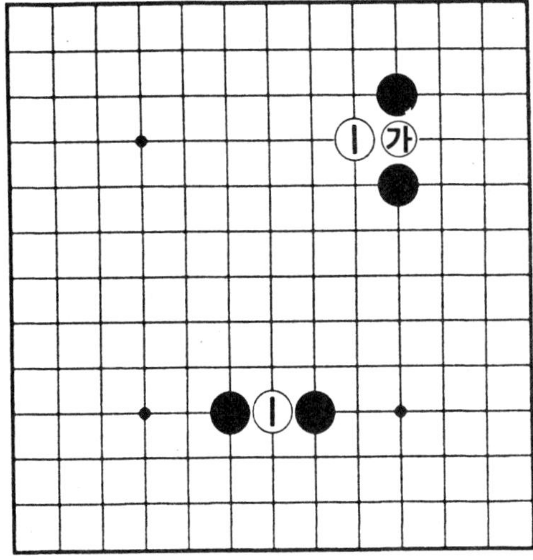

28
도

적의 공격에 어떻게 대처하는가

28도

우상귀, 흑이 배합된 곳으로 백 1로 다가왔다. 흑은 어떻게 대처할까?

《힌트》

흑 손을 떼면 백가로 흑진 돌파.

하변, 백 1의 끼어들기는 너무 난폭. 흑의 응수는?

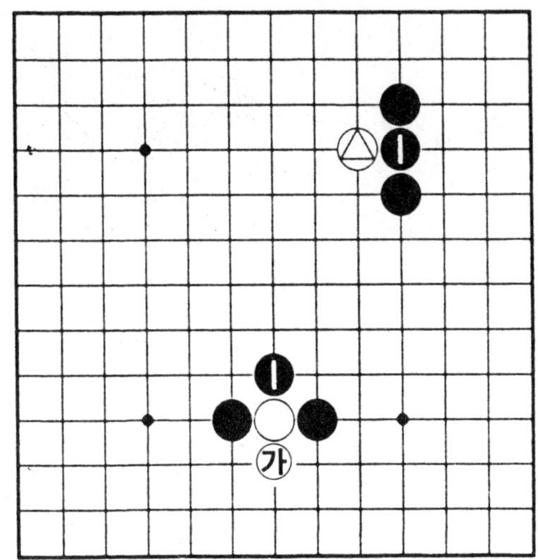

29
도

29도

흑1로 연속을 확실하게 하는 것이 정해이다.

그러나 이것으로 흑의 27도의 백과 같은 어리석음을 저지르면?

이 의문에 답하면. 백△과 흑1의 교환을 피하면 흑 한 칸으로 진화형으로 돌아간다.

하변, 흑1 혹은 흑가로 받아도 백 좋지 않다.

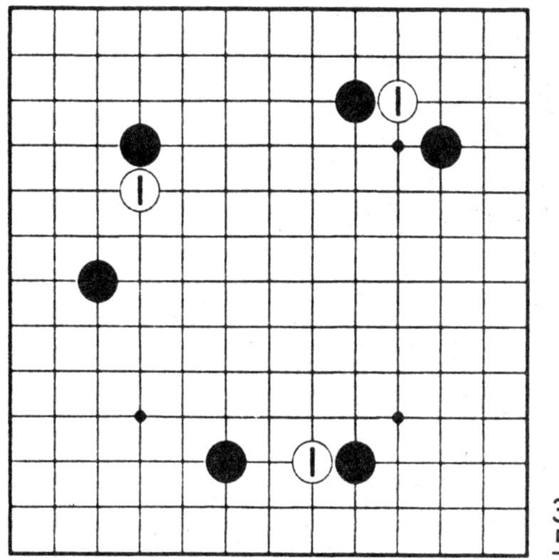

30도

우상귀 날일자, 좌상귀 눈목자, 하변 두 칸으로 각각 흑의 배합으로 백1의 도전이다. 이 적공격에 흑대처를 잘못해서는 안된다. 이론적으로는 배합의 진의는 무엇이었는가 하는 생각이 옳지만 더 본능적으로 노타임에서 당연한 받음을 바라게 된다.

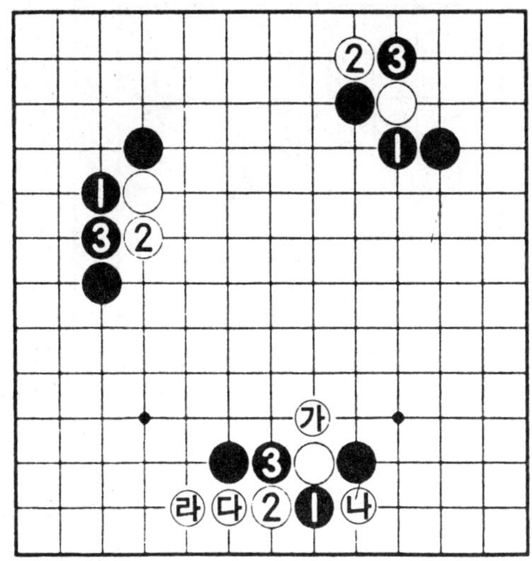

31도

각도 모두 흑1이 정해.

하변은 흑1에서 흑가로 강력하게 머리부터 누르고 가는 방법도 있다.

계속해서 각도 모두 백2라면 흑3으로 응해, 백 처치곤란할 것이다. 하변 흑3에 이어서 백가라면 흑나, 백다, 흑라로 흑은 백의 무리를 덧나게 한다.

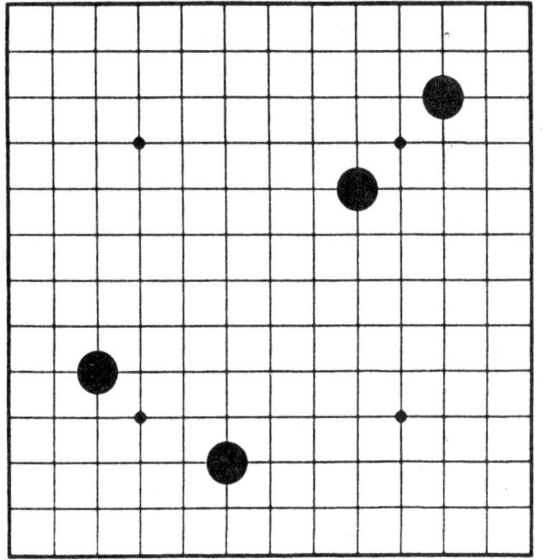

32도

없는 배합

32도

돌의 배합＝연속의 진화형. 이 공식을 확실히 알고 있으면 우상귀와 좌하귀의 이런 속임수로 짝을 짓지는 않을 것이다. 혹, 상대가 그런 짓을 한다면 바로그 잘못을 비난해야 할 것이다.

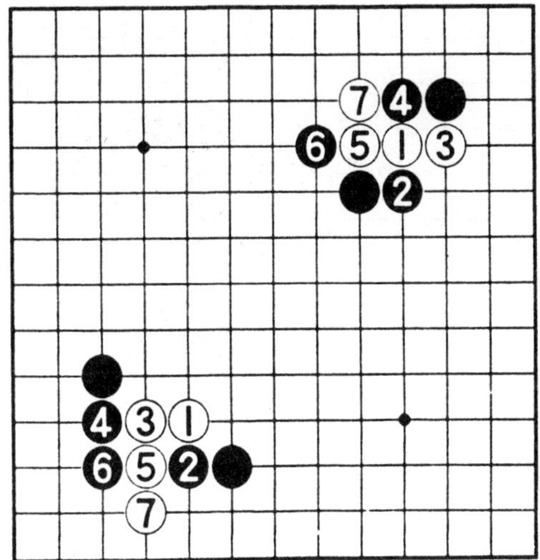

33도

백 1 은 그 흑의 배합이 되지 않는 형의 결점을 건드리고 간 수이다.

그 뜻을 나타내는 곳은——

흑을 분단한다, 그것이다. 양도 모두 흑의 2 분 대 백의 연속으로 백은 충분히 목적을 다하고 있다.

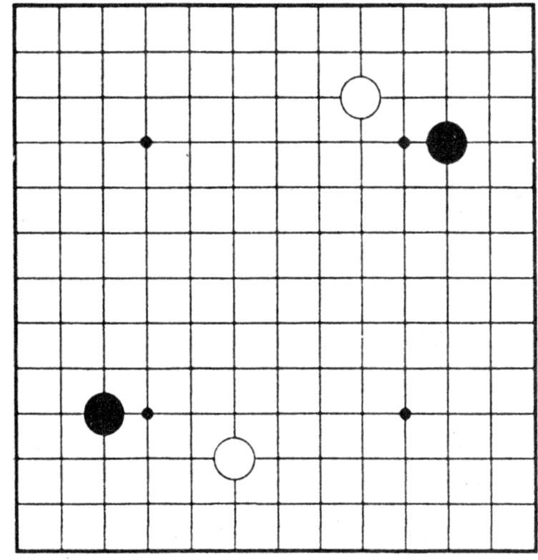

34도

대치형(対峙型)의 경우

34도

우상귀는 날일자의 대치형이며,

좌하귀는 눈목자의 대치형이다.

그 밖에 한 칸 대치와 두 칸 대치등 4종류의 대치형이 있고, 양군(両軍) 모두 먼저 두는 쪽은 세가지 작전을 생각할 수 있다. 그 3대 작전이란——

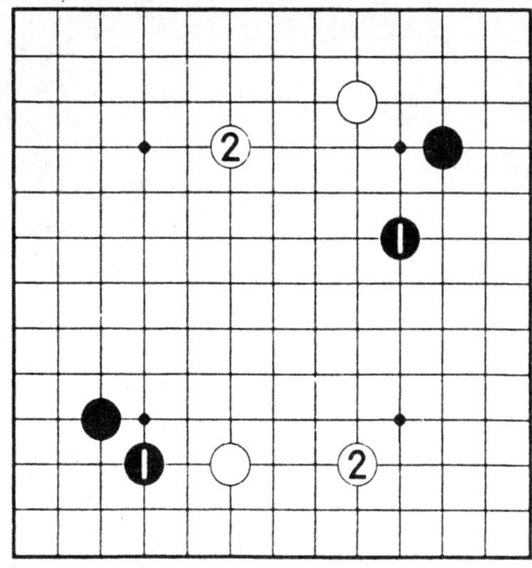

1. 준비
2. 접촉
3. 협공

이 이야기는 길어지므로 다음 기회에 하기로 한다.

35도

우상귀도 좌하귀도 작전 1. 준비에 해당하며 돌의 배합에 이용한다.

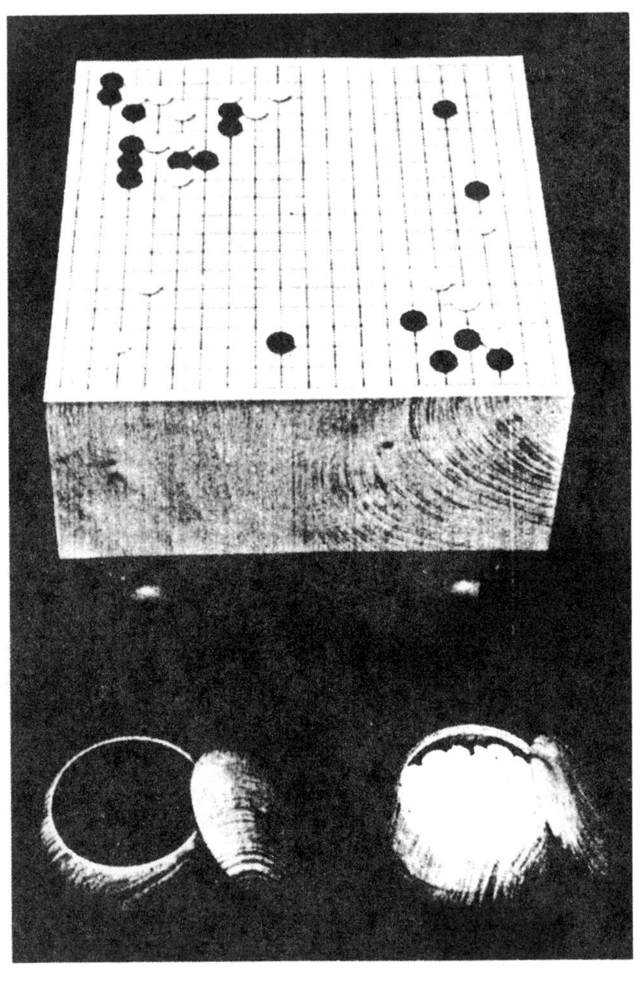

△바둑판 · 바둑 · 바둑통

제4장

접촉전의 마음 가짐

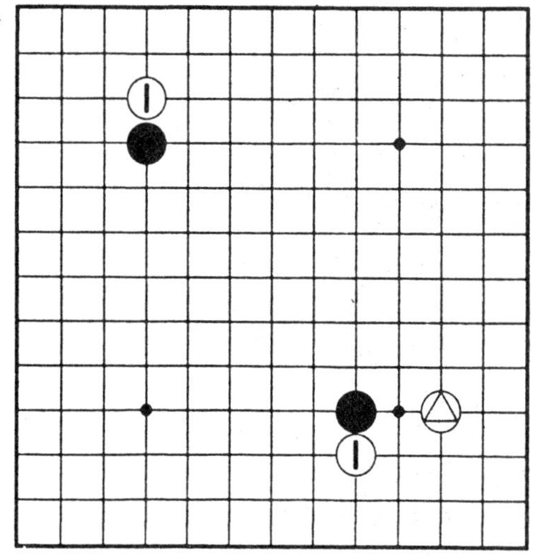

단독 접촉

단독전에서의 스타트의 기본은 2종이며, 그에 응하는 방법도 제1보는 이미 앞페이지에서 이야기 하였으므로 여기서는 반복하지 않는다.

1도

좌상귀 백1은 단독으로 접촉, 우하귀는 백△의 원군을 낀 접촉전 개시.

그 외의 접촉전은 모든 케이스에서 이루어진다. 접촉전은 싫다고 할 이유가 없다. 일국의 바둑에는 반드시 접촉전이이루어지고 '힘'이 센 자가 이기게 된다.

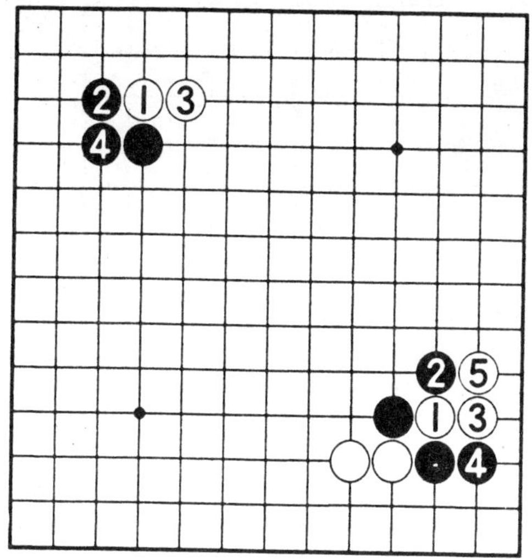

2도

그 힘을 기르려면 이론보다도 실전을 수없이 경험해야 한다.

이론은 그 요점과 방식을 아는데에 그치는 것이 좋을 것이다. 그 코치는 내게…….

돌이 접촉한 경우 절대로 중요한 것은 다음의 두가지이다. 이것은 절대 지켜야 한다.

'접촉전에서는 손을 떼지 말라' 돌이 접촉하고 있는데 다른대로 두지 말라는 것이다.

'접촉전에는 딱 붙어서 응하라' 접촉전에서 뜀으로 받거나 돌을 떨어져 두어서는 안된다는 것이다.

2도

좌상귀, 백 1의 붙임에 흑 2의 누름은 강한 응수.

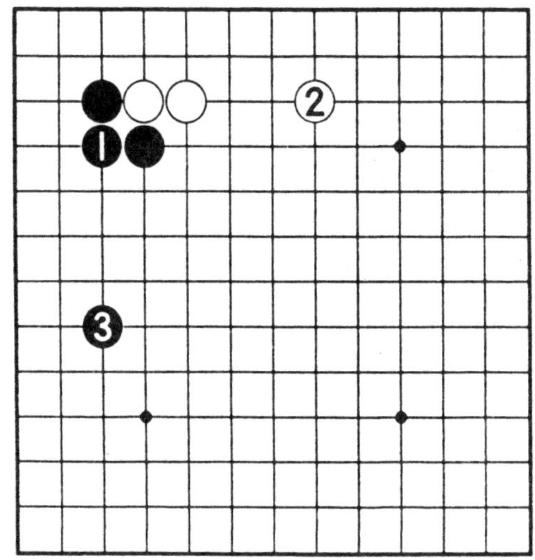

백 3 으로 당김도 당연(생략하면 흑 3 으로 걸쳐 들어오므로).

흑 4 의 이음, 정착(正着). 이것이 중요한 곳으로 이것을 두지 않으면 우하귀 백 1 로 끊겨 흑이 좋지 않다. 흑 2 로서도 백 3 에서 위기를 맞은 것은 흑이다. 백 5 가 되어 흑이 궁하다는 것을 알 수 있을 것이다.

3 도

흑 1 의 정착의 이음에 백 2 로 벌렸다. 때로는 이러한 수가 좋은 일도 있으나, 대부분 탐탁치 않은 수이다. 이에 대해 흑 3 의 벌림. 이것도 찬의를 표하기 힘들다.

그럼 어디로?

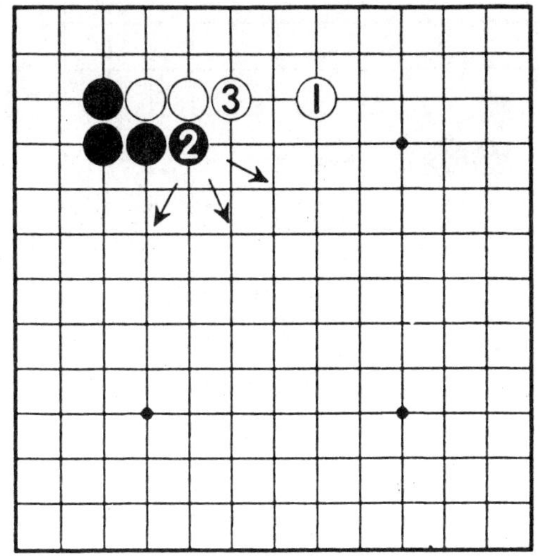

4도

중시하라 '힘의 빛'

백1이라면 흑2의 누름. 이곳이 급소의 한 수. 판 어디에 두는 것 보다도 좋은 수이다.

백3으로 당기면 별도리가 없지 않은가, 하고 생각하는 사람은 알 수 없다. 흑2에서 발하는 '힘의 빛'의 위력을…….

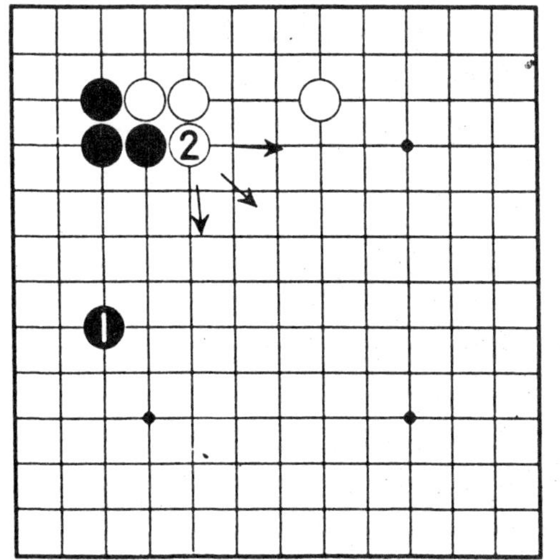

5도

그 급소를 놓친 흑1이라면 반대로 백2의 구부림이 천하 제일의 급소가 된다. 백2에서 발하는 '힘의 빛'이 전도를 역전하고 있다는 것을 깨달을 것이다.

이러한 곳을 세력의 성쇠, 점의 위력을 전개하기 위해서는 이러한 방법을 입문시에 하지 않길 바란다.

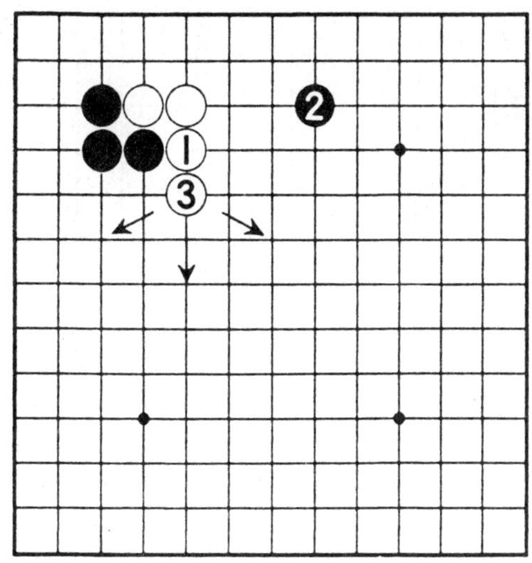

6
도

6도

백 1의 꺾음과 백 3의 나감은 세력의 진출 방향이 화살표와 같다.

이 그림의 진행은 백이 그 세력의 판도를 머리 속에 그려 두고 있다고 생각할 수 있다.

이에 대하여 흑 2의 안착은 어떠한가? 이것 역시 백의 전개를 막아 보겠다는 의지가 담겨 있다. 흑 2로 말미암아 백은 변으로의 진출을 포기할 수 밖에 없는 상태가 되었다.

그러나 이것은 단순한 기초 문제에 불과하다. 수가 향상되면 이 상황에서 새롭게 변화할 수 있는 묘책을

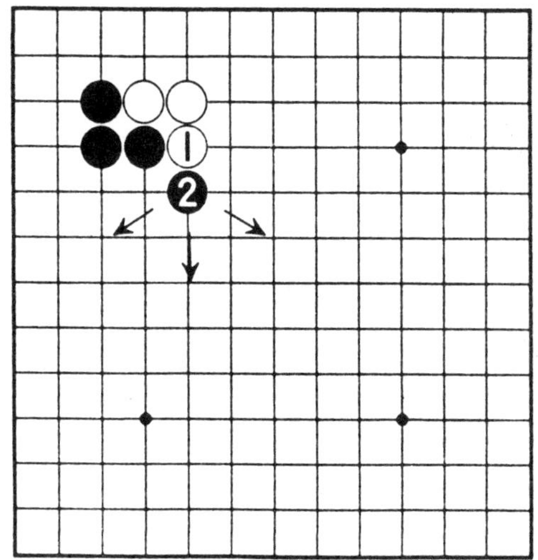

7
도

떠올릴 수도 있을 것이다.

백 3 에서 발하는 힘의 빛은 사방으로 번쩍번쩍 빛나고 있다.

흑 2 에서는——

7도

흑 2. 힘의 빛은 백에서 흑으로 그대로 옮겨온다. 그 점이 얼마나 좋은지 역력.

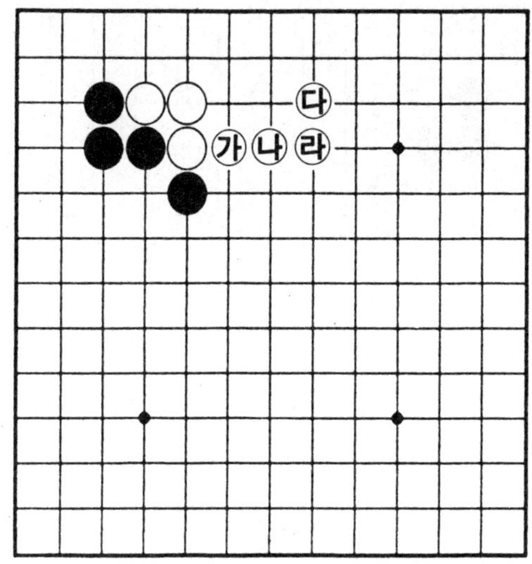

8도

'백이 먼저 두는 다음의 한 수는?'

그 답은 거의 반수가 백가, 나머지 반수가 백나, 백다, 백라 등으로 분산되었다.

정해가 제로였던 것이다.

초보자들이 이러한 곳을 얼마나 모르고 있는지를 증명한 것이다.

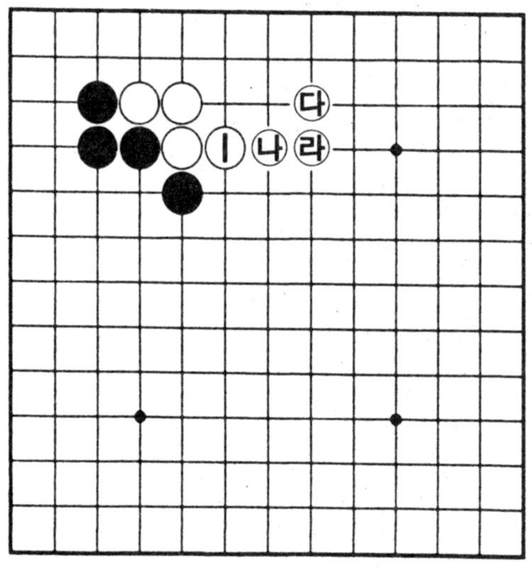

9도

백1. 한심스런 한 수이다. 접촉전은 가로 세로로 연속해서 두면 알차서 좋다는 관념을 나타낸 것일 것이다. 이것은 너무 알차서 나쁘다.

백1보다는 백나, 백다, 백라 쪽이 차라리 낫다고 할 수 있을 정도다.

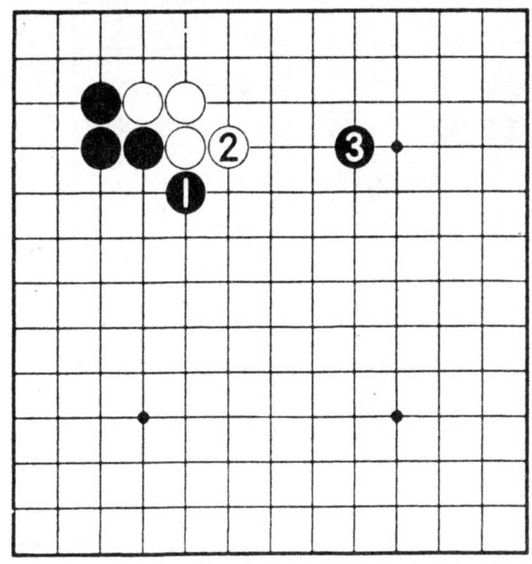

10도

10도

흑 1 로 백의 '머리'를 일격.

백 2 는 '아프다'고 머리를 감싸고 굽히는 느낌. 백에는 '뭐야' 하는 반발의 정신을 볼 수 없다. 이 일격으로 충분한 뿐, 흑 3 으로 돌리는 좋은 상태.

이러한 느낌을 헤아릴 수 있는가?

백 2 의 참혹함에서 빨리 눈을 떠야 한다.

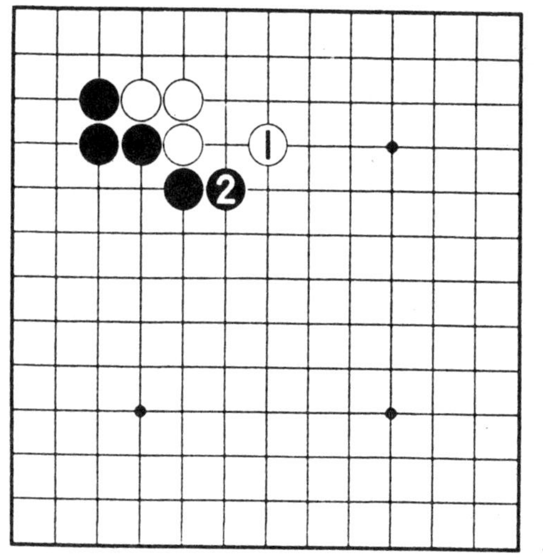

11도

11도

백1, 그 외의 수는 다음에 흑2. 이러한 수는 단순한 '뻗음'이라 하지 않고 '뻗어끊음'이라 하며, 이와 같은 경우에 다시 '쾌심의 뻗어끊음'이라 한다.

세력의 성쇠점을 흑이 독점하고 있는 느낌의 한수로, 흑 칼날 같다고 할 수 있다.

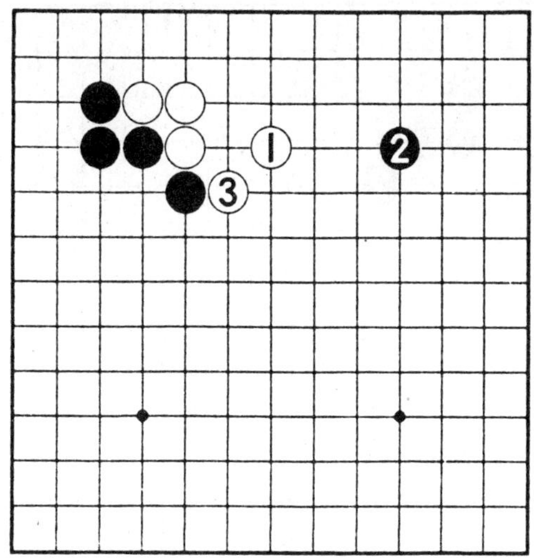

12도

12도

전도 흑2, 그것은 과장해서 말하면 승부였다고 할 수 있을 정도로 쾌심의 뻗어끊음, 이런 굉장한 곳을 간과해서는 안된다.

가령 본도 흑2 등으로 그 급소를 놓치면 바로 백3 이것은 또 백에게 있어서 바라던 호형이 되어…….

그런 급소를 서로 간과하고 저리 벌리고, 이리 뛰고 하는 것은 서로 샅바를 풀고 씨름을 하는 것과 같이 보기 흉하다.

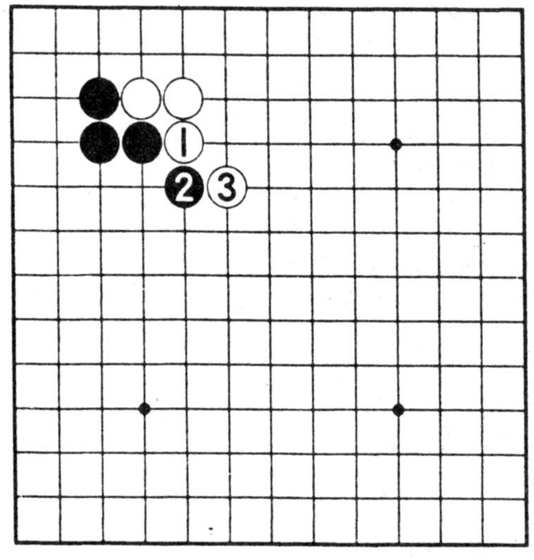

13도

13도

흑 2의 머리두드림(頭叩)에 백 3으로 젖혀낸다.
이것이 정해.
바둑은 이렇게 되지 않으면 안된다.

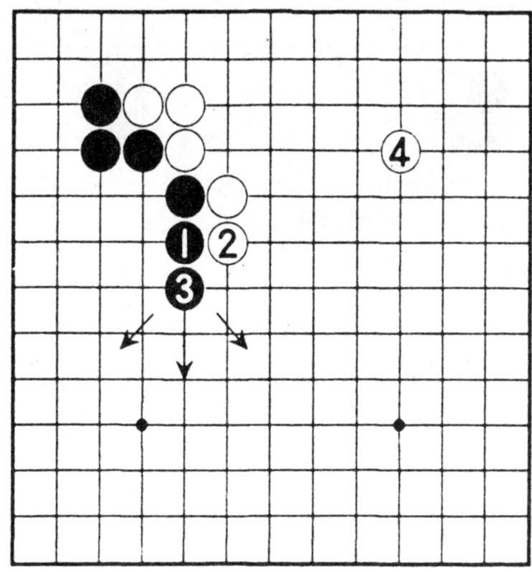

14
도

14도

전도에 이어 흑의 싸움 방식을 나타낸다.

흑1의 뻗음. 세력의 성쇠에 관한 요점.

백2의 누름. 지지 않으려고…….

흑3의 뻗음. 한발도 양보 않고 앞서 가려고…….

이러한 돌의 진행이 좋다.

흑3은 절대 양보할 수 없는 위치로, '힘의 빛'의 위력을 보면 두말할 필요도 없을 것이다.

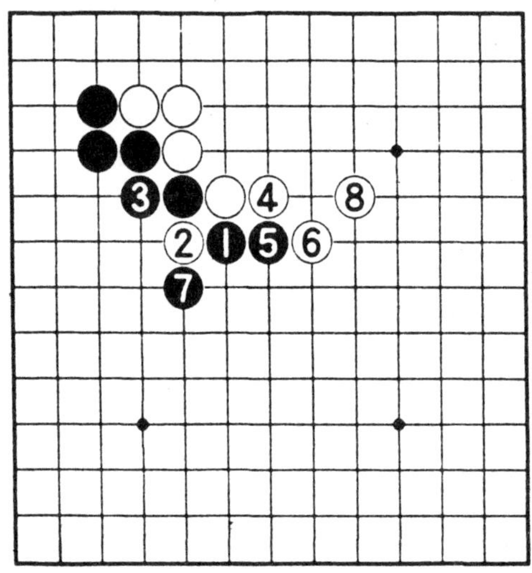

흑 3 을 다른 곳으로 돌리고, 백 2 의 머리두드림을 허용하면 그 '흑의 빚'은 그대로 백에게 양보하게 된다. 흑 3 의 돌을 시험삼아 바꿔 놓으면 분명하다. 또 흑 1 에서는,

15도

흑 1 의 2 단 젖힘을 둘 수 있다면 보다 엄한 수법이 된다. 백 8 까지 정형(正型).

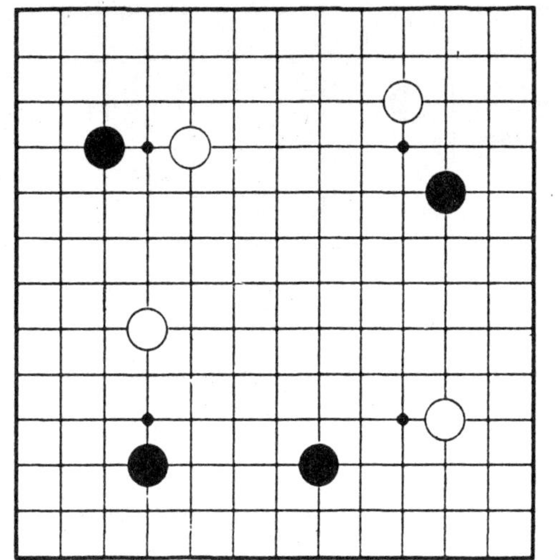
16도

대치(対峙)형에서 접촉

16도

접촉전은 대치형에서 생기는 경우가 가장 많다. 그것은 붙이는 쪽이 원군을 끼고 있으니 만큼 싸움이 유리해지는 일이 많기 때문이다.

대치형은 우상귀의 날일자 대치, 좌상귀의 한 칸, 좌하귀의 두 칸, 우하귀의 눈목자의 4종류가 있으며, 이 대치는 모두 귀만에 한하지는 않는다. 여기서는 접촉전의 일부에 그치지만, 명심해야 할 것은——

그 형을 기억한다든가, 수순(手順)을 안다든가, 하는 것이 아니라 어떠한 마음가짐으로 그 수(手)를 두는가, 그 돌의 마음, 그것을 아는 것이 중요하다.

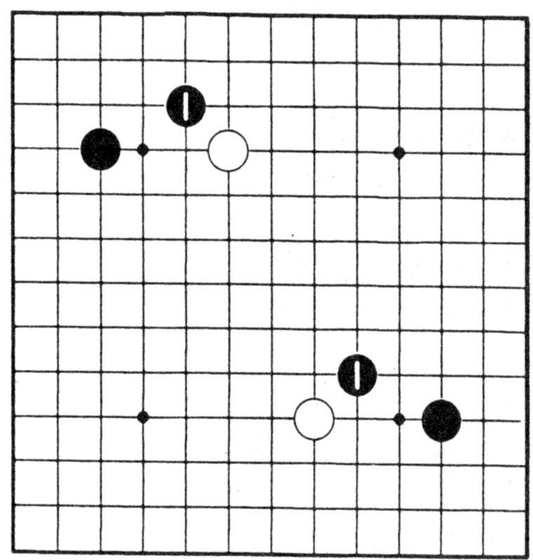

17도

정석이라 두었다든가, 의미는 모르지만 잘 두는 사람이 두는 것을 보고 그것을 흉내내어 보았다든가, 하는 것은 흉내낸 시점에서는 좋을지 몰라도, 마음이 들어있지 않으면 바둑은 그 뒤가 있으므로 앞으로 어떻게 하면 좋을지 망설일 것이다.

17도

좌상귀. 이 두 칸 대치형에서 흑1로 두었다고 하면 그것은 분명히 흑이 귀의 집을 확보하고 싶다는 마음이 없으면 안된다.

외세를 얻고 싶다면,

우하귀 돌의 방향은 흑1의 방면이 아니면 안될 터이다.

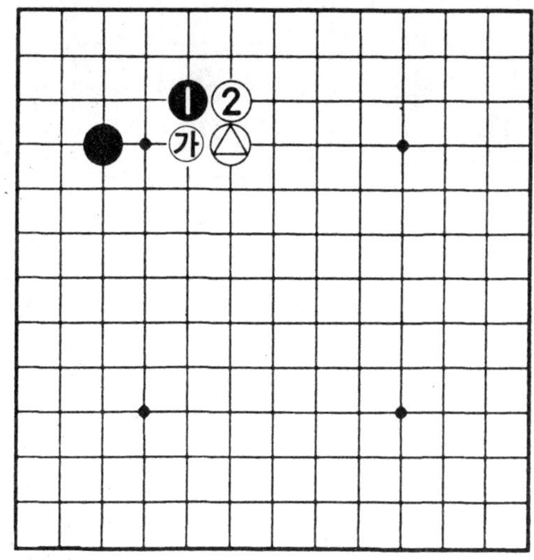

18도

18도

마주한 백 2 는 이것이나 혹은 백 2 로 백 가, 이 두길밖에 없다는 것은 흑 1 대 백△의 접촉전시의 기본기라는 것은 이미 알고 있을 터이지만, 싸움의 양상은 백이 어느쪽으로 하느냐에 따라 전혀 달라질 것이다. 또 백 2 손뺌은 흑 2 가 되어 백에게 나쁘다.

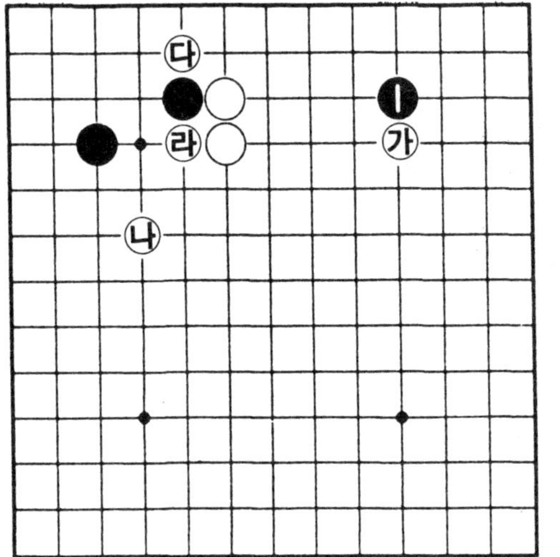

19도

상당히 능숙해진 사람도 이 국면에서 흑1 혹은 흑가로 두거나, 혹은 흑나로 두는 것을 볼 수 있다.

이것은 기본이 되어 있지 않은 증거이다.

흑1이라면 백다, 혹은 백라로 두어도 흑 안된다.

흑1에서는 절대 두어야 할 곳이 아직 좌상귀에 있었던 것이다.

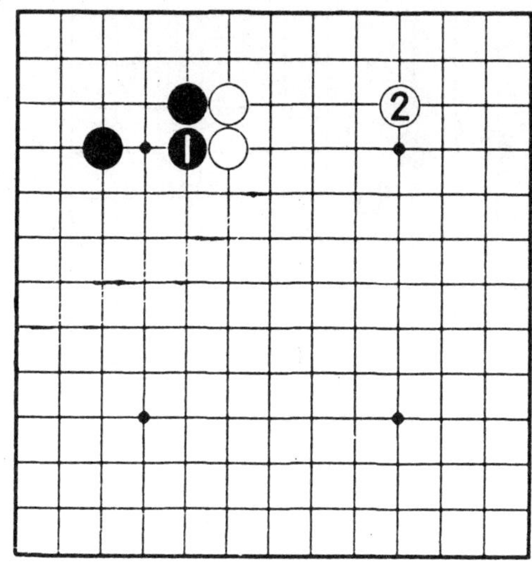

20
도

20도

흑 1, 이것이다. 이것을 두지 않고 있으면 흑의 모양이 깨진다.

그래도 흑 1로 두고 있었다면 백 2로 벌리게 하고, 그것을 걱정하는 경향도 있을지 모른다.

흑 3에서는 어디가 급소일까?

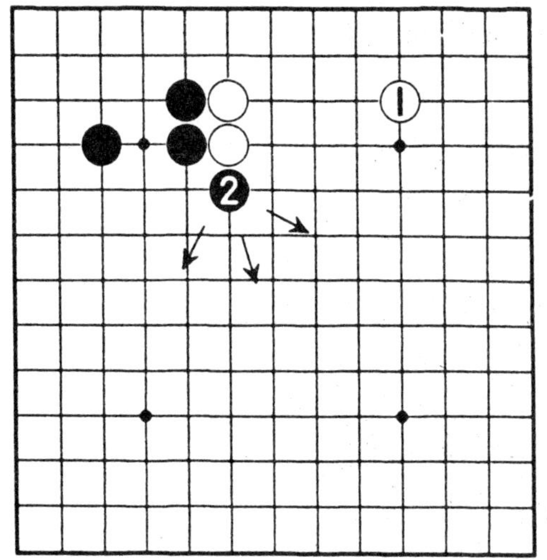

21도

21도

백 1 의 전개는 언뜻 보기에 좋게 보일지 모르나, 흑 2, 이것이 굉장한 호점. 이 '빛'을 보면 모두 흑 2 의 일착이 띠는 '힘의 빛'이다.

얼마나 멋진 흑 2 의 머리젖힘인가.

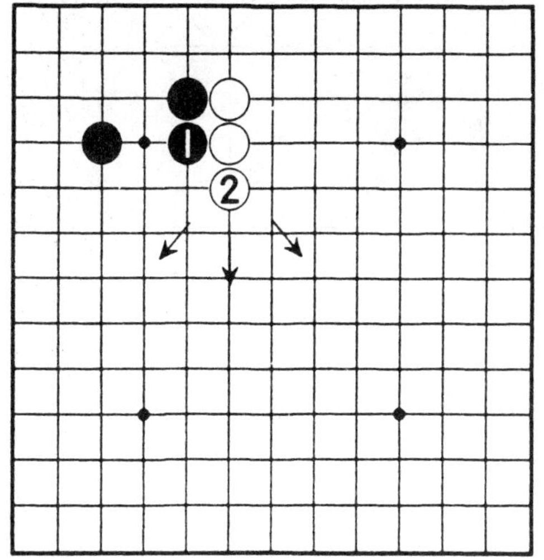

22도

22도

그러므로 백 2의 뻗음은 중요한 일착이 된다. 그 일착에서 띠는 '힘의 빛'은 전도의 흑의 빛을 그대로 백의 빛으로 바꾸고 있다.

그럼 바꾸어 말하면, 흑 1로 두면 백 2로 그 호점을 백에게 빼앗기는 것이 아닌가, 하는 의문도 생길 것이다.

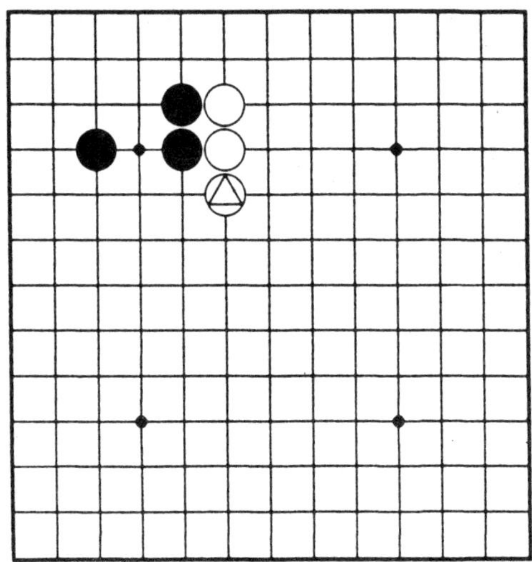

23도

23도

이 형은, 흑은 귀의 실리를 차지하고 백은 외세력(外勢力)을 얻음으로써 정석의 한 형이 되고 있다.

실리 대 외세로 비교하는 것이 전혀 이질의 것인 만큼 어느쪽이 유리한지는 간단히 답하기 어려우며, 주변의 상황여하가 어느쪽이 유리하다고 정하든지, 혹은 정하기 어려울지도 모른다.

어쨌든 그 '돌의 진행'은 당연하다고 받아들여야 한다. 또 하나 백△의 수에서 보다 엄하게,

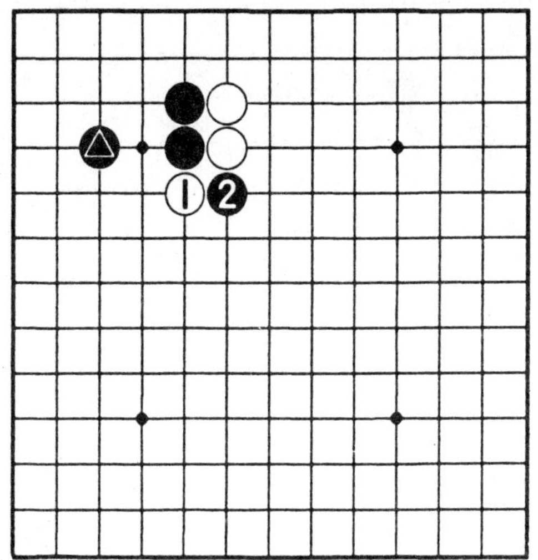

24도

백 1 의 젖힘이 두 점의 머리라면?

결론. 백 1 은 흑●의 원군이 있는 한 흑 2 로 벌려 백 고전이다.

23도의 뻗음이 좋은가?

24도의 젖힘이 좋은가?

그것을 판단하는 것은 주변의 상황여하이며, 그것을 항상 옳게 주시할 수 있는 것이 강해지는 길이라고도 할 수 있다.

24도 흑●가 만일 없다면 백 1 의 젖힘이 좋아지고, 뻗는 것은 느슨한 수가 된다.

언제든지 뻗기만 하면 좋다고 생각하거나, 젖히기만

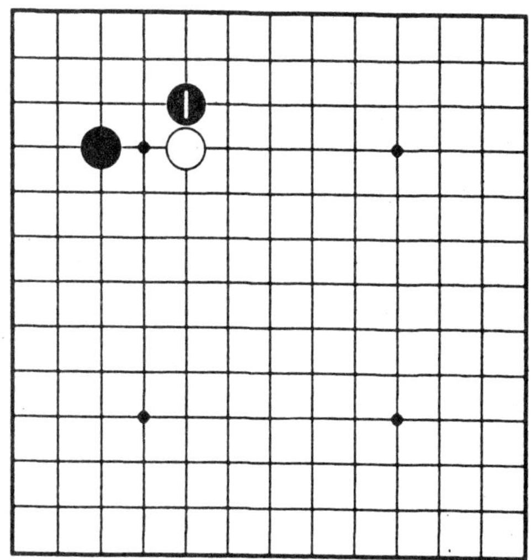

하면 좋다고 생각하는 그런 한 가지 생각만을 해서는 안되는 것이 바둑이다.

혹은 단 하나. '임기응변(臨機応変)' '완급자재(緩急自在)'의 정신이다.

25도

좌상귀, 한 칸 대치형에서는 붙임의 접촉전을 많이 볼 수 있다. 그렇지만 오해가 생기지 않도록 한마디 첨가하면, 접촉하는 것은 상대를 해치운다는 것이 아니라는 것이다. 전례에서도 그렇고, 여기서도 접촉하는 것은 자신도 굳어지지만 상대도 굳어지는 형을 결정해 가는 수라는 것.

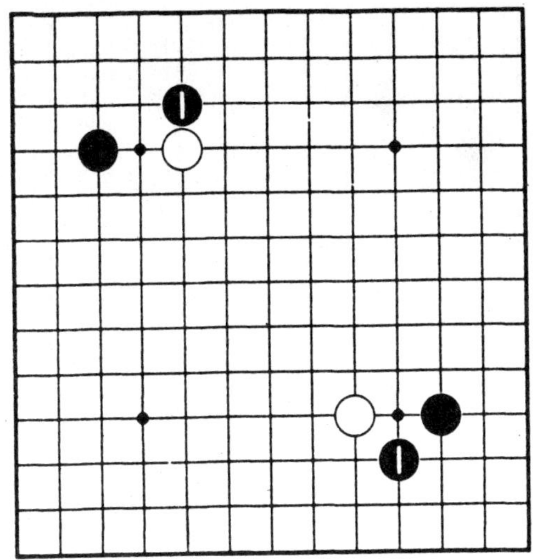

26도

26도

좌상귀, 흑 1 의 붙임은 귀의 실리를 차지하려는 수이다.

그것은 최대한 분발한 수이기도 하므로 우하귀 흑 1 도 귀의 실리를 원한 수인데 더 한층 분발하여 보다 많이 원한다는 것이 붙임의 수단이 되고 있다.

27도

좌상귀, 전도에 이어 백의 상식적인 응수는 이 백 1 에 그친다. 이것은 '누름' 이라 부르는 수인데, 장소에 따라서는 '젖힘' 이라는 명칭으로 바뀌는 일도 종종 있다. '붙임에는 젖히라' 는 말이 있다.

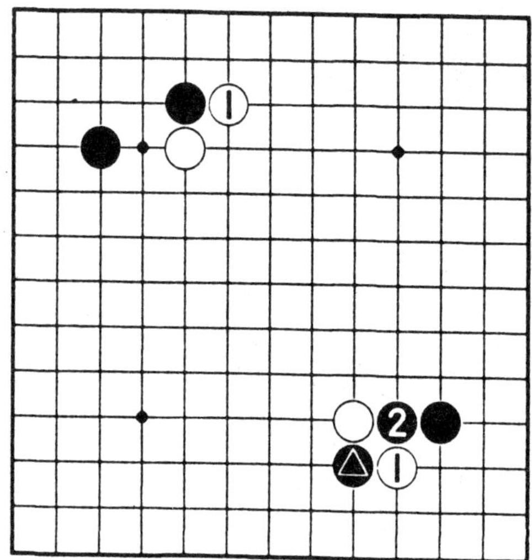

27도

우하귀, 흑●의 걱정은 백 1 인데, 흑 2 로 끊으면 백의 무리형이 된다.

'집' 대 '세력'

28도

전도에 이어 흑 1 의 당김에서 백 2 의 이음.

물론 흑 1 을 생략하면 백에게 그 점을, 백 2 를 생략하면 흑가 의 끊음이 엄하다는 것이다.

백 2 는 '걸쳐 이음' 이라 부르는 잇는 방법이다.

그렇지만 백 2 에서 백가 로 단단히 잇는 방법도 있다.

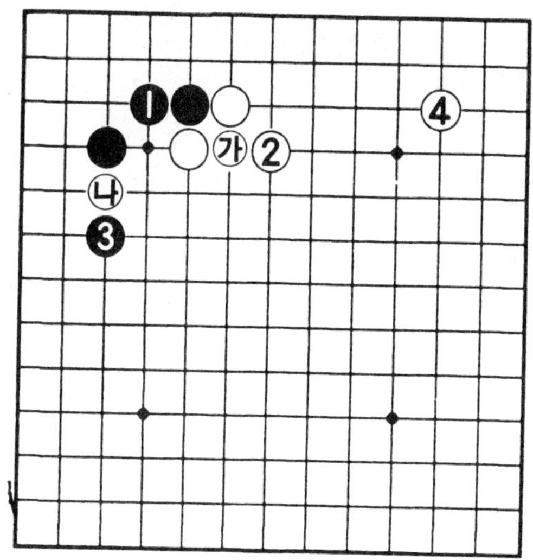

28도

여기서 접촉전은 일단락하지만, 그 후 바로 흑 3 으로 둔 것은, 이것을 생략하면 백 나 로 붙이게 만들어 외세를 강력하게 한다는 것이다. 흑 3 은 그것을 미연에 막는 수이다. 그리고 백 4 의 전개까지로 일단락 한다.

25도 흑 1 에서 시작하여 본도 백 4 까지 이것은 맞바둑의 정석의 한 형으로 되어 있다. 각각의 착수에는 모두 의미가 있으며, 왜 그렇게 두는가, 일착 일착의 진의를 아는 것이 진정한 공수가 될 것이다.

이 수순을 모두 암기했다고 해도 그 의미를 모르면 아무것도 아니며, 바둑의 재미도 모르는 것이다. 돌의 마음을 알고 바둑을 둘 수 있다. 그것이 즐거움이다.

이 형도 흑의 실리 대 백의 세력(백 4 는 19줄 판에서는 변의 돌이 된다)으로 우열 비교는 어렵다.

제5장

13줄판(一三路盤)의 대국

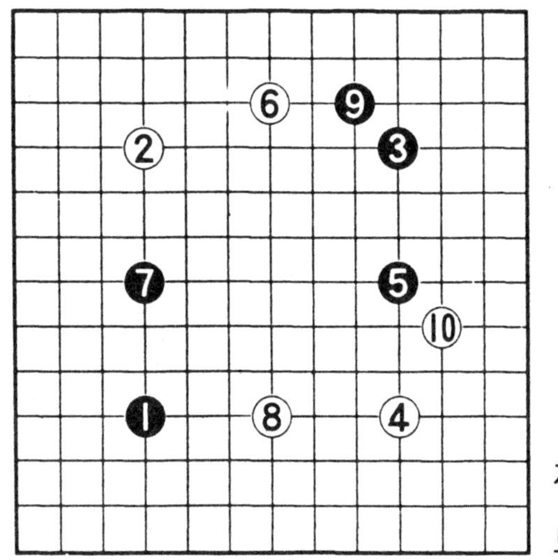

제 1 보

여러가지 지식을 배웠으니 초급자의 대국을 다시 한번 관전해 보자. 이 대국은 9줄 판에서 세번 바둑을 둔 15급 정도의 기력의 두 분에게 다시 요청하였다.

9줄 판에서 진 백은 바둑판이 커지면 절대 설욕할 수 있다고 긴장하고 있다.

독자도 처음 관전 입문법에서 보았을 때와 달리 어느 정도 내용을 알고 볼 수 있을 것이다.

제 1 보

흑 1 ～ 백 10, 양자 당당한 포석이다.

프로가 두었다고 해도 조금도 이상하지 않은 정도의 스타트이다.

흑 9, 훌륭한 수이다. 우상귀를 조였다고 한다.

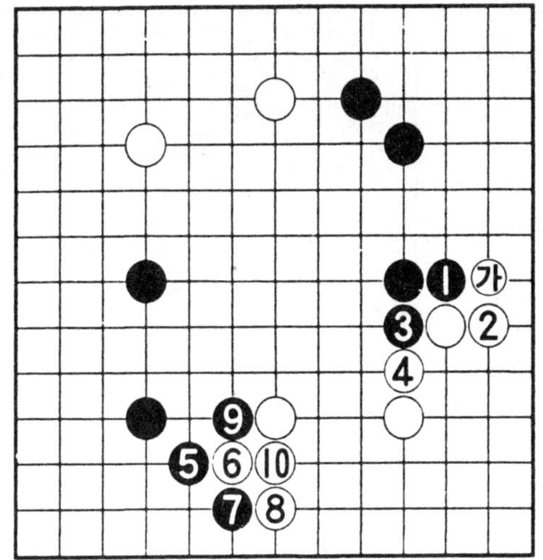

백 10, 우상귀의 흑진으로 들어가려는 수이다.

다음의 흑의 수는 노타임에서 두어야 할 수이다. 백 10이 무엇을 하였는가? 그것을 직감으로 알아차릴 수 있다면 흑이 두는 수는 정해진 것과 같다.

당연한 받음.

독자들도 이미 다음 페이지를 보기 전에 알 수 있을 것이다.

제 2 보

흑 1, 좋다. 이 한 수이다.

백 2, 조금 의문이다. 백 2 에서 백 3 이 정착이었다.

흑 3, 아주 좋다.

백 4, 이것도 당연한 받음이다.

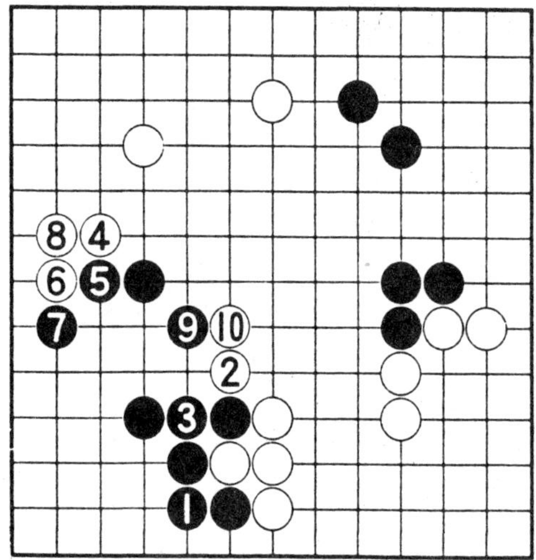

흑5, 일전하여 좌하귀를 다시 굳히고 요령을 피운 방법이다.

흑5에서는 우상귀, 흑가에 머무르는 것도 생각할 수 있으나 대국자 흑은 흑가 보다도 흑5의 굳힘쪽이 크다고 보았을 것이다.

백6 이하 백10까지 쌍방 불만한 응접 태세라 할 수 있다.

제3보

무엇을 하려고 하고 있는지 쌍방 아주 잘 알며 두고 있다는 것을 알 수 있다.

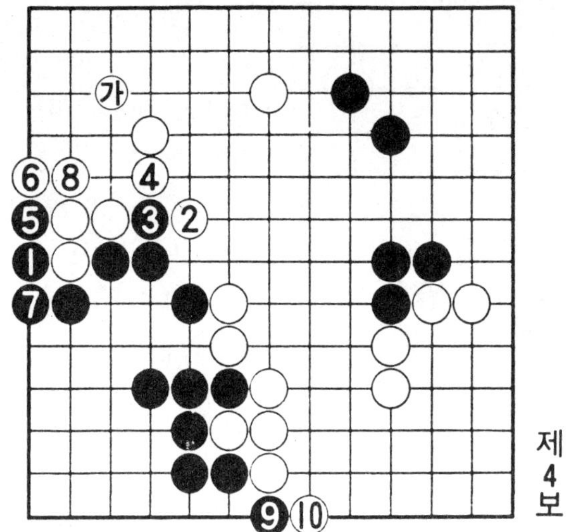

제 4 보

흑 '흑 1 을 생략하면 1 도, 백 1 의 붙임이 두려웠다' 고 하고 있다. 그래도 잘 보면, 1 도 백 1 의 끼워 붙임에는 흑 2 로 하고, 백 3 이 묘수(妙手)인데 (흑 4 로 흑 5 를 두면 백 가 의 끊음으로 흑 두 점 아웃이 된다), 흑 4 로 응하면 그다지 손해는 없었을 곳이다.

그렇지만 백 1 의 두려움을 알고 있는 것 만으로도 대단한 일이라 할 수 있다.

보(譜)를 돌려——

흑 5 는 선수로 끝낼 작정이지만 아직 시기상조인 감이 있고, 좌상귀의 백진에는 흑에서 가 의 3 · 3 뛰

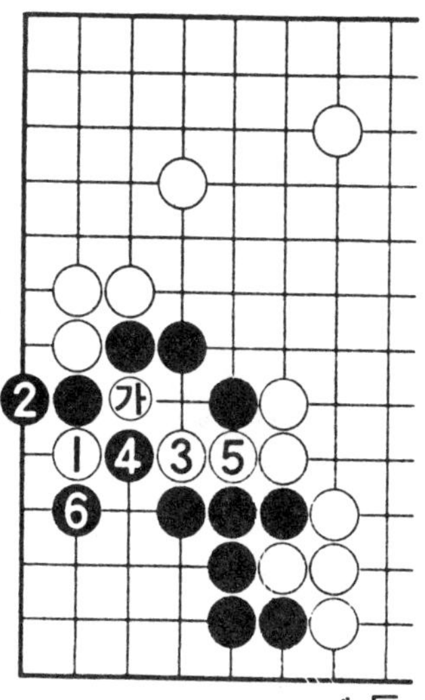
1도

어들기의 싸움을 거는 수단도 있고, 그 맛을 상당히 없애고 만 것이 아깝다. 그래서 바둑은 싸움없는 싸움이 되는 것으로 보였다.

제5보

흑3, 아무리 뭐라해도 뻔뻔스럽다.

그것이 노리는 것이라면 어째서 전보의 흑5, 7로 두었던 것인가?

제5보

흑 '그래도 좌상귀는 아무것도 하지 않고 있어도 백집이 될 것이다.

흑3 이하로 둔 것은 빼앗길 것이 당연. 살아난다면 큰 이익으로 마음이 편하겠지만……'

바로 그대로인지도 모른다. 사실 살고 죽는 문제가 되면 초급자의 바둑은 특히 맹목적이라 할 수 있어…

백 '백8로 두어도 흑을 딸 수 있다고 생각했다. 그렇지만 흑9로 두어 깜짝 놀랐다'

이번에는 내가 망가질 차례라고 할 만큼 돌음이 높고, 미리 노리던 우변 백10의 뛰어들기.

좌상귀 흑 살았다고 하면 백집은 우하귀의 한군데 집뿐이므로 과연 백도 비세(非勢)를 느꼈을 것이다.

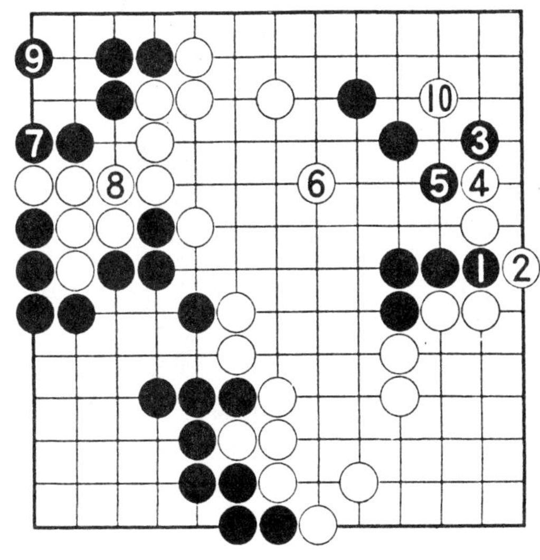

제6보

제 6 보

흑 1, 3 으로 요령을 얻은 덕택에 흑은 무사하게 골인이라 본 것이다.

흑 7, 9 로 사는 '형'을 알고 있는만큼 웬지 흑이 한 수 위라는 느낌조차 든 것이다.

이 좌상귀의 흑의 사활 문제는 실은 백은 흑에게 살아남았다고 지레 짐작하고 있었으나 사실은——

2 도 백 1 의 걸음 일발로 흑이 죽게 되었다. 흑 2 이하 흑 8 은 백 9 에서 삼목중수(三目中手)의 사(死). 또 3 도 흑 8 까지는 '귀의 구부림 4 집'이라는 형으로 흑의 사형(死形)인데, 이것은 더 능숙해 질 때까지 몰라도 된다. 어쨌든 사활 문제는 어려운 것이다.

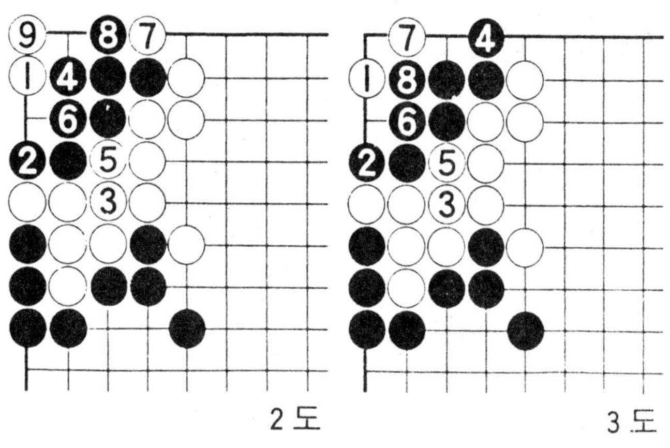

2 도 3 도

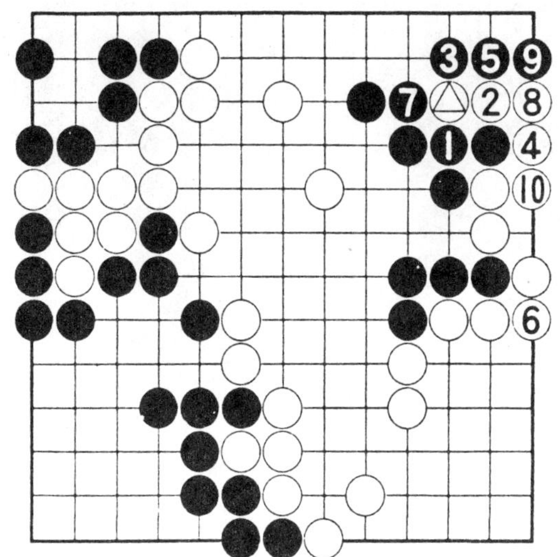

제 7 보

제7보

백△(전보 백 10)에서 본보 백2로 승부수를 계속 내보낸 것은 좀 무리지만 노리는 바를 알고 있는 수로서 칭찬해야 할 것이다.

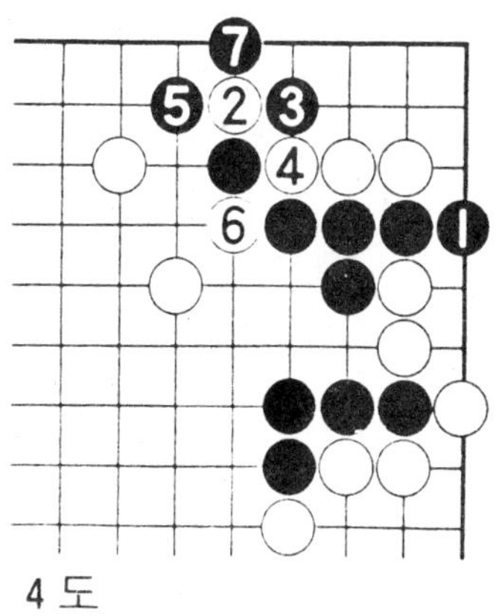

4 도

흑3, 쾌조일도의 흑이 여기서 잘못되었다. 무리더라도 무엇이든 해 볼 것은 아니다.

초심자의 바둑에는 이 이상으로 어떤 해프닝이 일어날지 알 수없다.

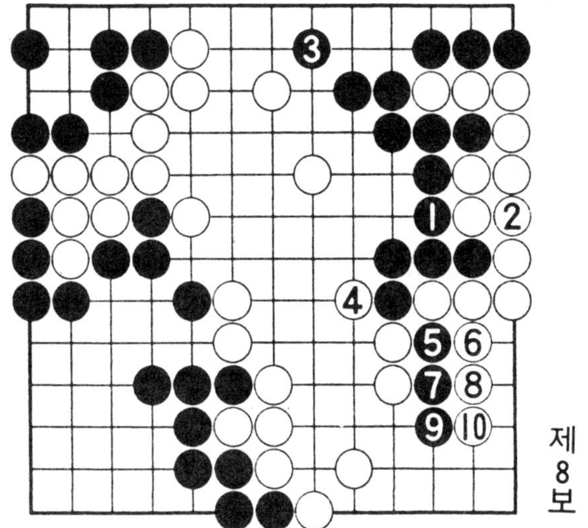

흑3에서는 4도 흑1로 백의 연락을 끊고 있으면그만이었다.

백2 이하 흑7까지 백 처치없다. 또 그 수순중 백2에서 백3이라면 흑2에서 이 귀의 백이 살 수가 없다. 그렇다고 해도 본보의 흑3은 심하다.

그렇지만 이번에는 백이 겁을 먹고 백4의 건넘. 여기서 백5로 두면 우상귀 흑전군이 위기에 놓일 곳이 었다. 서로 당황해서 어쩔 줄 모르는 상태이다.

제8보

흑3까지 흑은 위기를 벗어났다. 그렇다고는 해도, 흑 우상귀의 집을 백에게 파손당하고, 이것으로 좌상

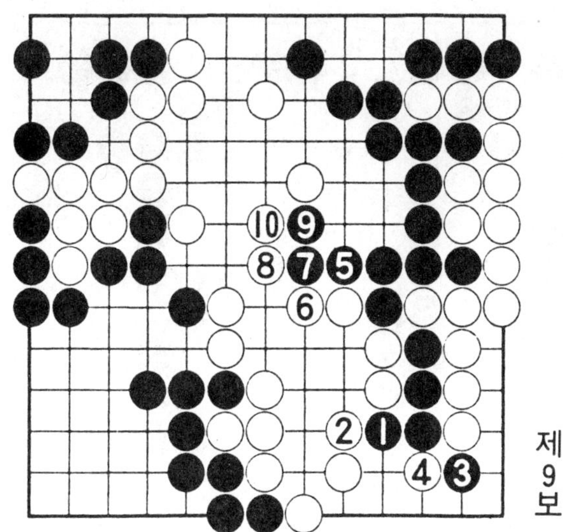

귀의 이익을 되찾은 감이다.

흑5 이하, 빼앗긴 것은 물론 아무 생각없이 둔 것으로, 이번에는 백 실수없이 백10까지 받았다.

겨우 이것으로 승부가 날 것 같다.

제9보

흑1, 3으로 입문자가 하기 쉬운 실패를 하였는데, 이곳은 흑 어떻게 하더라도 잘 되지 않을 곳이다.

흑5에서 차례로 나간다. 이 클라스가 되자 과연 종반의 경계선의 막힘이 없다.

끝내기는 멀지 않다.

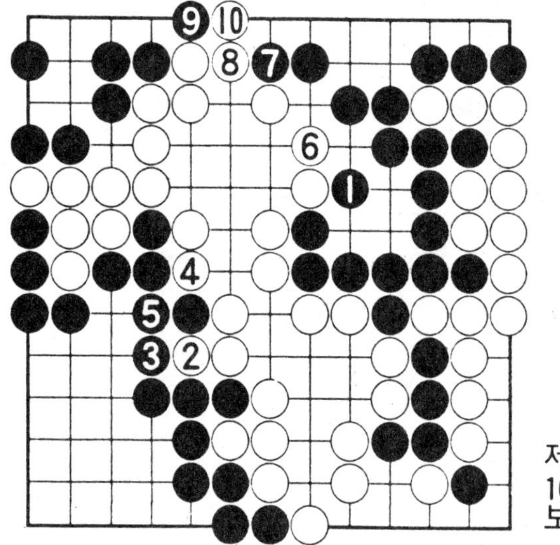

제 10 보

최종시의 수순이다.

이제 틀림없는 것 같은데,

흑 9 가 손해를 보고 있다. 흑은 6 의 일로상에 선수로 두어야 하며, 흑 9 는 일로 좌편이 좋다.

그보다 최후의 패착(敗着)은 의외로 흑 1 로, 이것으로 흑 6 의 곳에서 끝내기는 아직 불명(不明).

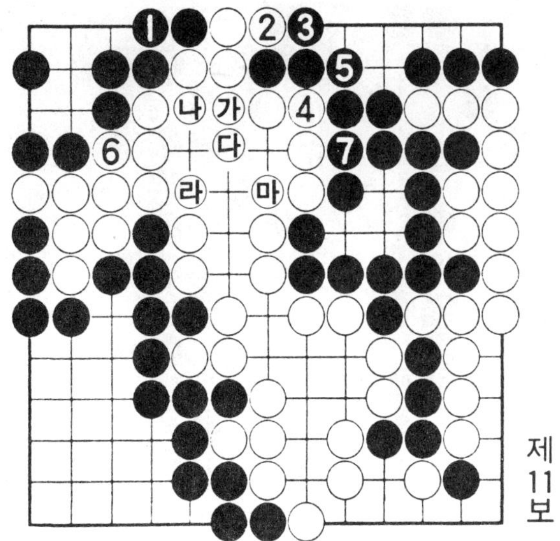

제 11 보

전 107수로써 완료이다. 백 6, 흑 7 은 '공배'라는 곳이다.

이것으로 양자 서로 끝을 인정하고 집만들기에 들어갔는데, 양자 모두 잘못 보고 있는 곳이 있었다.

공배가 막히면, 흑가, 백나, 흑다, 백라, 흑마라는 수가 있었던 것이다.

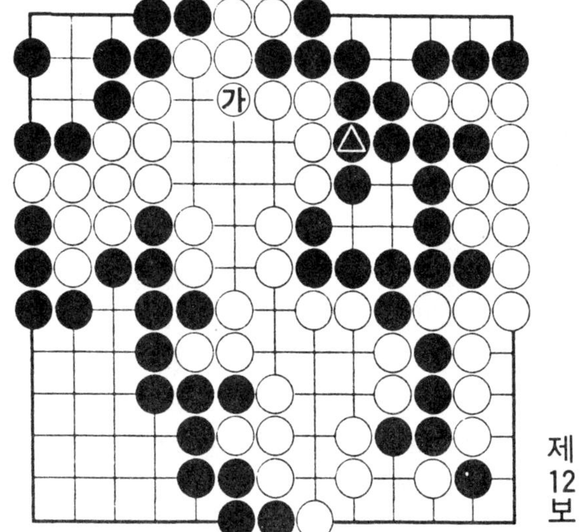

제 12 보

흑●가 최종 공배를 메운 곳. 이 시점에서 흑이 전보 흑가～흑마의 수단을 발견했을 경우, 백에게 '손을 보겠읍니까, 그만 두겠읍니까' 하고 신사적으로 답을 구하는 것이 통례이다. 그래서 백이 '손을 보지 않겠다'고 대답했다면 흑가를 결행해도 된다.

백이 손을 보면(예를 들면 백가로), 백 1 집이 줄게 되지만 흑은 이미 수단의 여지가 없다. 양자 깨닫지 못하면 그대로 백집이 된다.

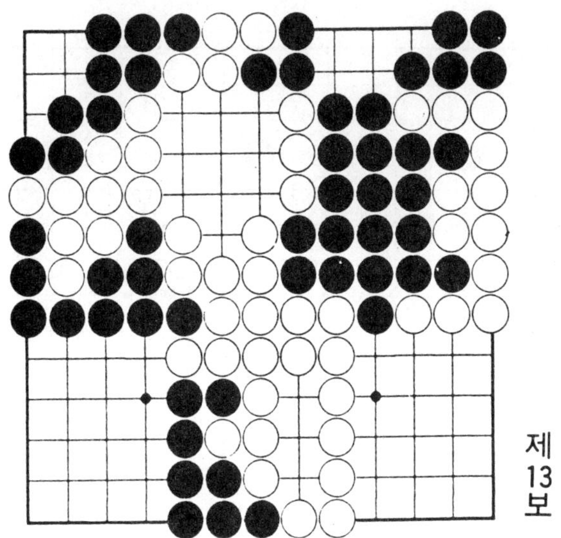

제 13보

집만들기를 끝냈다. 흑집 20집＋ 5 집＋ 5 집＝30집이다. 백집은 20집＋10집＋ 3 집＝33집. 백 3 집의 승리로 끝났다.

단급(段級)과 핸디캡

바둑에는 단급(段級)이 있다는 것은 알고 있는 것이다. 급수(級位)가 제일 낮은 것은 18급이라고도, 20급이라고도 해서 그 사람에게 9 점 놓고 해도(최고 핸디캡), 입문 초기에는 승부가 안된다. 그러나 그 급이

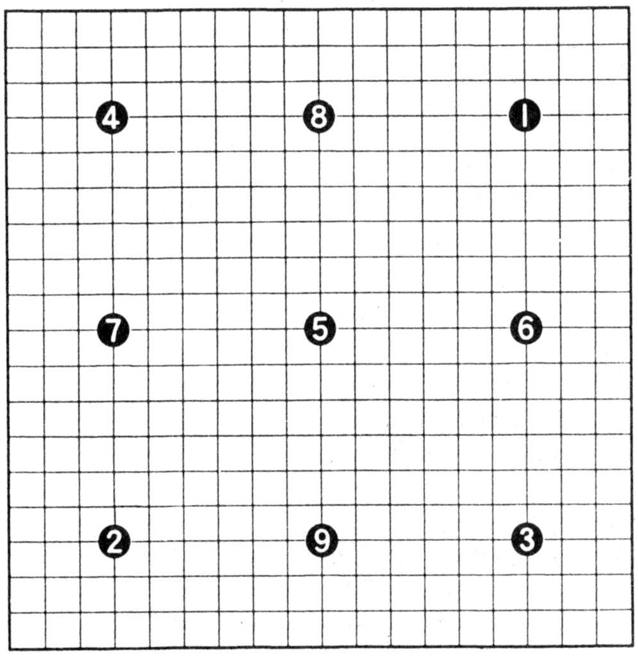

되는데는 사람에 따라서 다르지만, 30국에서 50국 정도 두면 될 수 있다.

18급이 되면 9급인 사람에게 9점 놓고 둘 수 있게 된다. 9급이 되면 초단인 사람에게 9점 놓고 둘 수 있게 된다. 초단은 아무나 될 수 있는 것이 아니라고 생각하기 쉬우나, 하다 보면 누구나 가능한 아마츄어의 제1목표이다. 1급자 1점의 핸디캡을 놓는 법을 5점까지는 숫자대로, 6점은 1 2 3 4 5 6 7로 놓고, 7점은 거기에 5를 더한다.

부 록

초급 테스트 40문

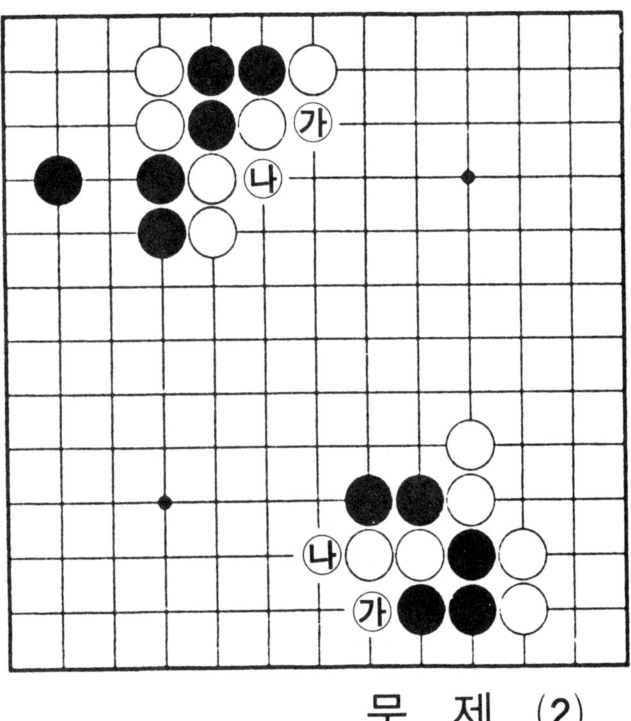

초급 테스트에 도전하자

(1) 흑선. 흑가로 두어야 할까? 아니면 흑나로 두어야 할까?

(2) 흑선. 흑가의 댐이냐, 흑나의 댐이냐? 양쪽 한 번에 두고 싶다니, 그것은 안된다.

문 제 (3)

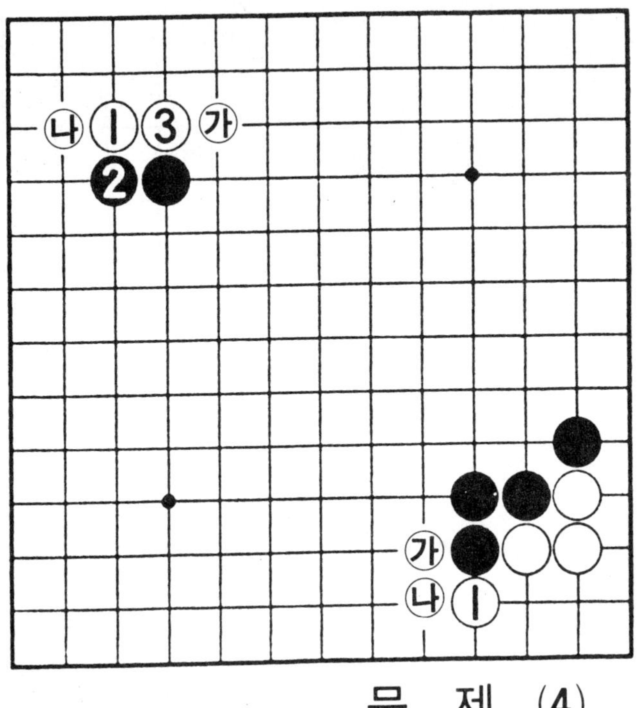

문 제 (4)

(3) 백 1, 흑 2, 백 3 으로 두었다. 흑가 의 젖힘이냐, 흑나 의 젖힘이냐, 어느쪽?

(4) 백 1 의 젖힘에 흑가 의 뻗음이냐, 흑나 의 누름이냐. 어느쪽이 옳을까?

문 제 (5)

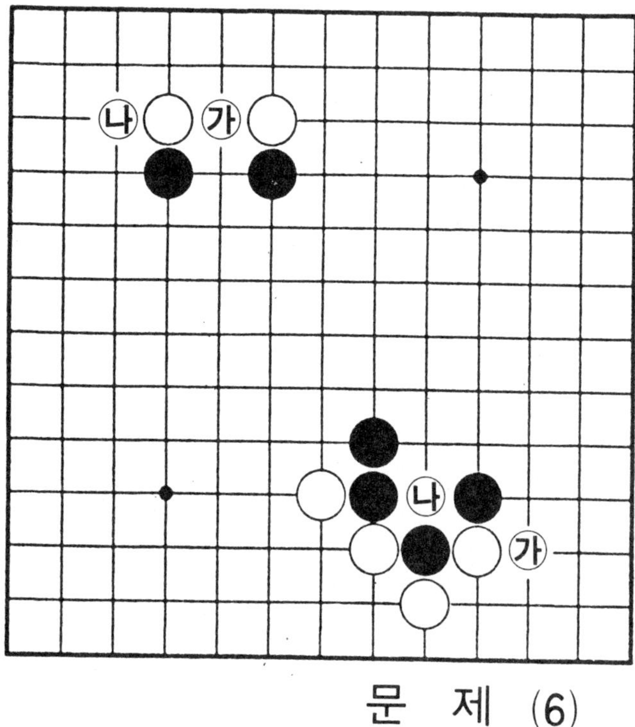

문 제 (6)

(5), (6), (7), (8) 모두 흑선으로 흑가, 흑나의 어느쪽을 나타내고 있다. 운이 있는 사람은 짐작으로 맞출지도 모르나, 가능하면 이쪽이 맞다고 절대의 확신을 가지고 대답하길 바란다.

문 제 (7)

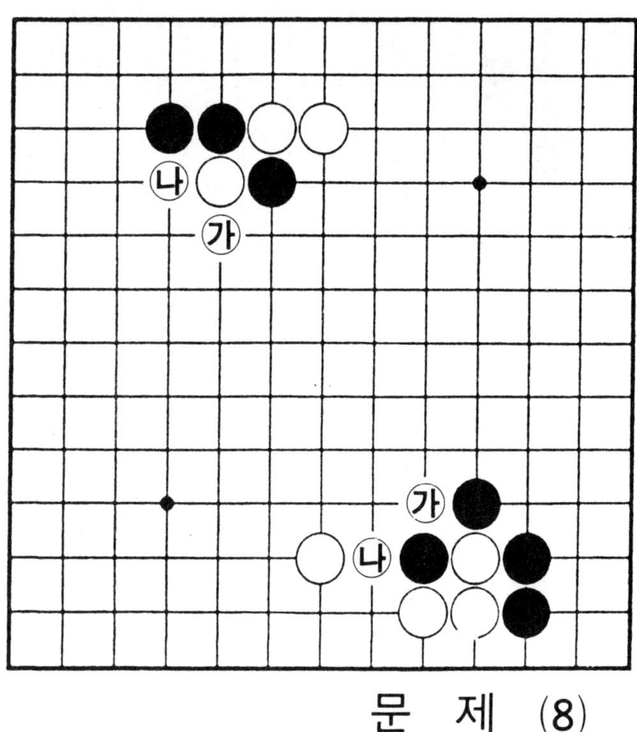

문 제 (8)

(7) 은 축이라는 기술로 백 1점을 딸 수 있다. 아직 배우지 않았지만 백 1점을 단수, 단수로 숨쉴 사이를 주지 않고 쫓아가는 수를 연구해 보라.

문 제 (9)

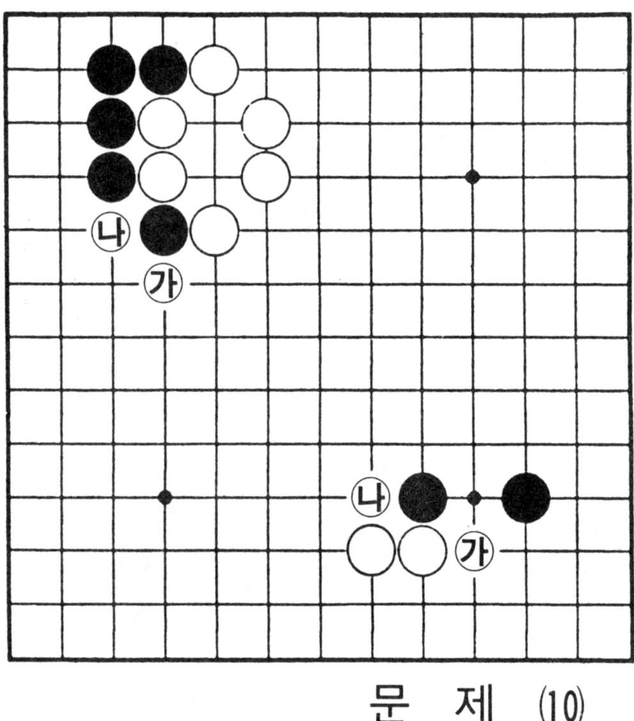

문 제 (10)

(9) 흑선. 흑**가**로 뻗을 것인가. 흑**나**로 이을 것인가의 문제이다.

(10) 흑선. 흑**가**의 누름이냐, 흑**나**의 밈의 어느쪽이냐? 이다.

(11) 흑선. 끊을 곳이 두 군데 있다.

문 제 (11)

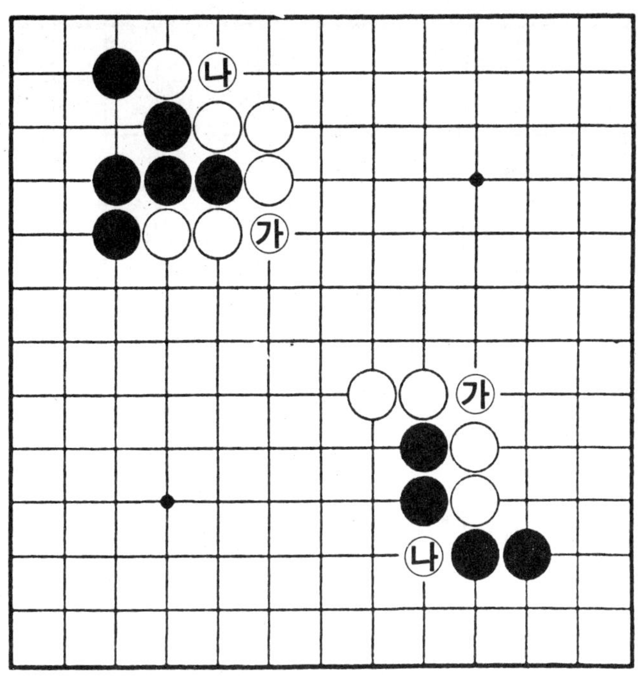

문 제 (12)

흑가와 흑나의 어느쪽이 가치가 있는지, 가치 판단의 문제이다.

(12) 흑선. 흑가의 끊음이 먼저인가, 아니면 흑나의 이음을 서두를 것인가?

이론적으로 정해를 내라.

문 제 (13)

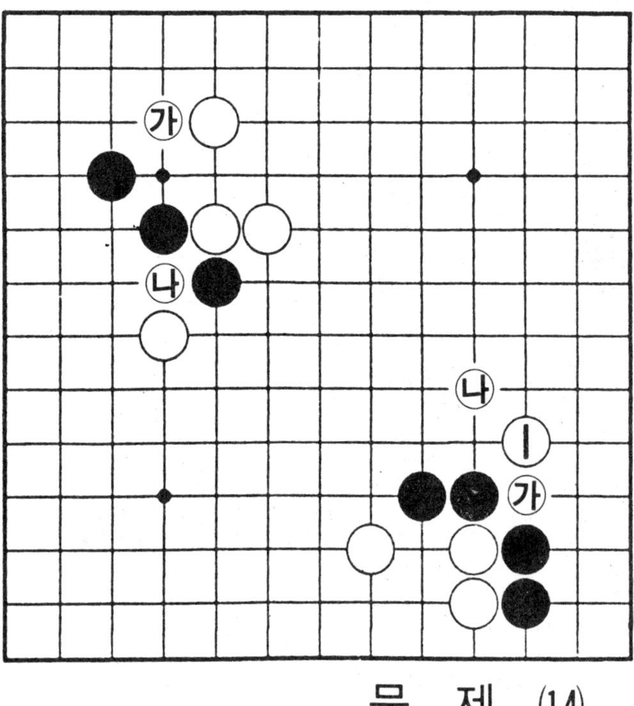

문 제 (14)

(13) 흑선. 생각하고 있으면 오히려 알 수 없을지도…….

흑가로 귀의 확보가 먼저인지, 흑나의 이음이 먼저인가이다. 이런 곳을 두는 수는 정해져 있다.노타임에서 이 한 수를 말해보자.

문 제 (15)

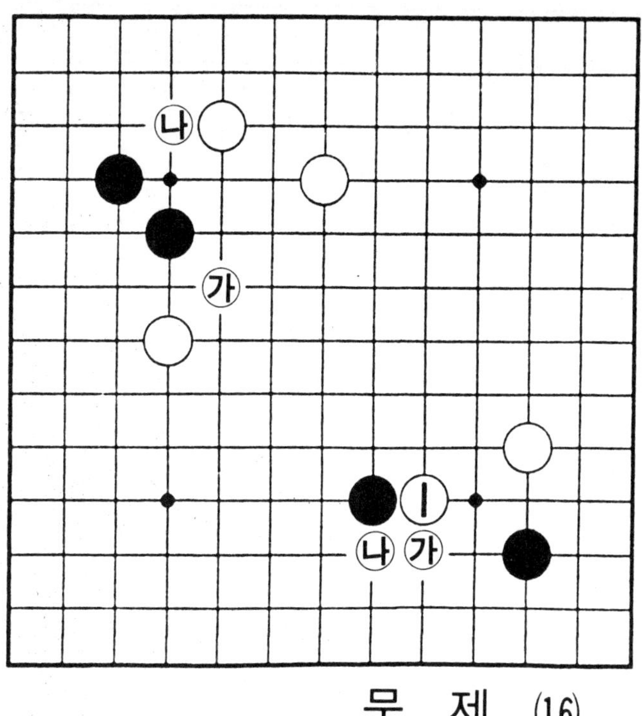

문 제 (16)

(14) 흑선. 앞문제가 맞다면 이것은 같은 문제. 앞문제에서 이 실수는 있을리 없다.

(15) 흑선. 흑가냐 나냐? 이것은 어려운 문제이다.

(16) 흑선. 흑가냐 나냐? 이번에는 쉽다.

문 제 (17)

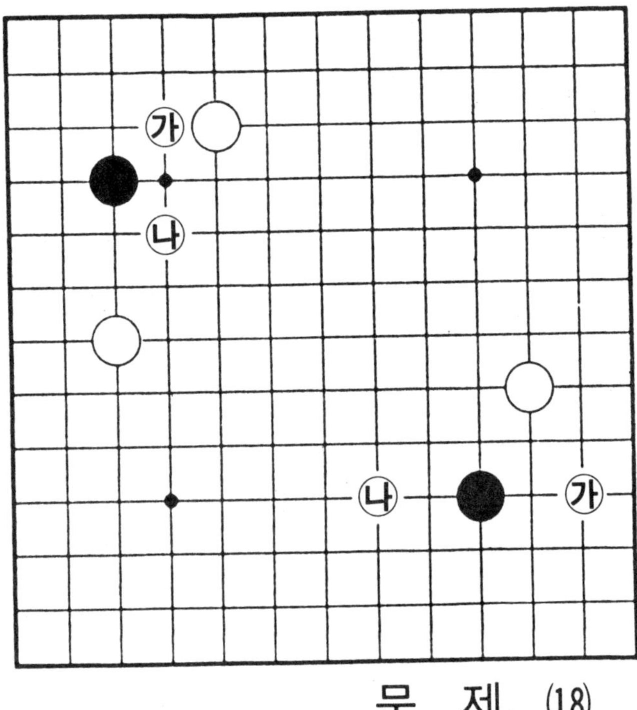

문 제 (18)

(17) 흑선. 흑가로 귀의 확보가 먼저인가, 흑나의 봉쇄를 피하는 것이 먼저인가? 라는 것이다.

(18) 흑선. 같은 한 칸 뜀이라도 흑가는 귀를 중시하고, 흑나는 미개(未開)의 광야를 목표로 하고 있다. 과연 어느쪽이 옳은가?

문 제 (19)

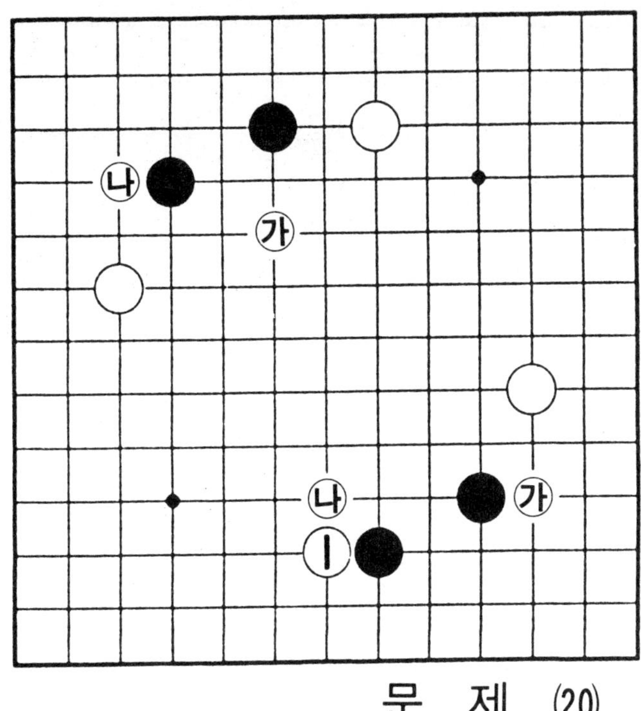

문 제 (20)

(19) 흑선. 흑가의 뜀과 흑나의 귀의 확보, 어느 쪽이 좋을까.

(20) 백 1로 붙여 왔다. 흑가로 모른척하고 귀를 지키는 것이 좋은가, 아니면 흑나로 전투 개시가 좋은가?

문 제 (21)

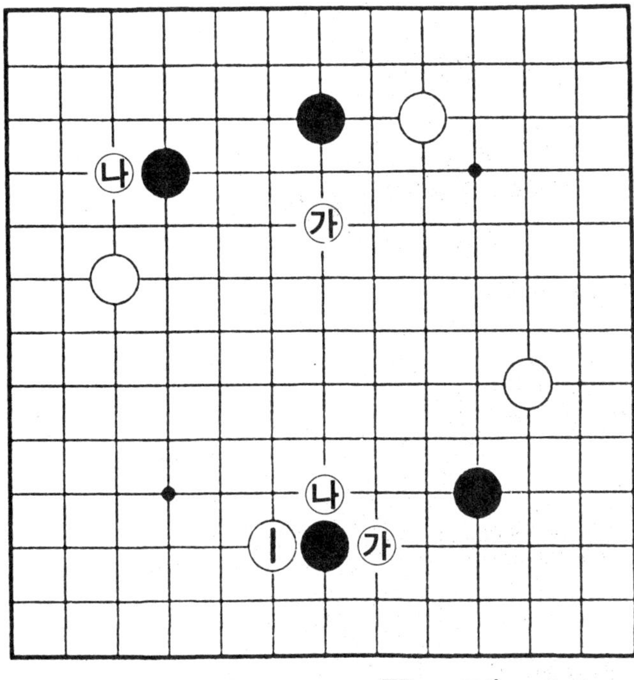

문 제 (22)

(21) 흑선. 흑가의 한 칸 뜀과 흑나의 굳힘의 어느쪽? 19문이 가능하면 이것도 가능하다.

(22) 백 1의 붙임에 흑의 응수는 흑가, 흑나의 어느쪽이 옳을까?

접촉전의 기본을 확실히 알고 있으면 이것도 쉽게 정해가 나올 것이다.

문 제 (23)

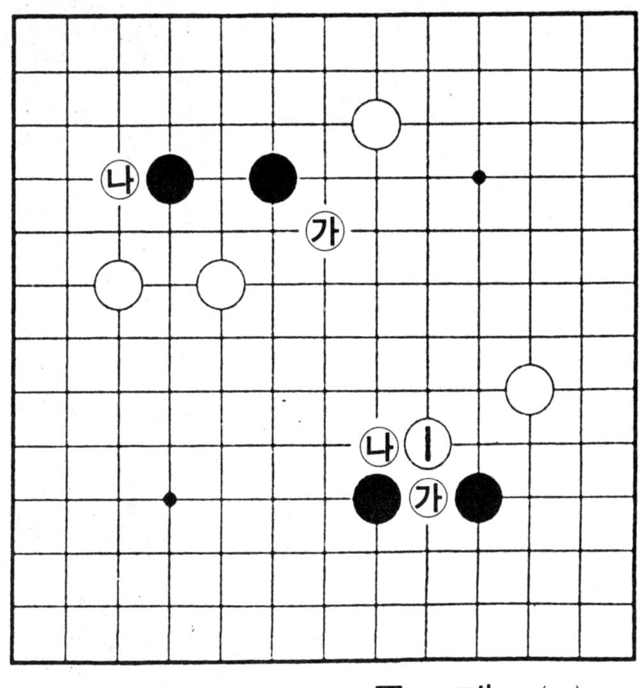

문 제 (24)

(23) 흑가로 얼굴을 정면으로 내미는 것이 먼저인가, 흑나로 귀를 지키는 것이 먼저인가, 라는 문제이다.

(24) 백 1로 왔다. 흑의 응수는 흑가, 흑나의 어느쪽이 정착일까.

문 제 (25)

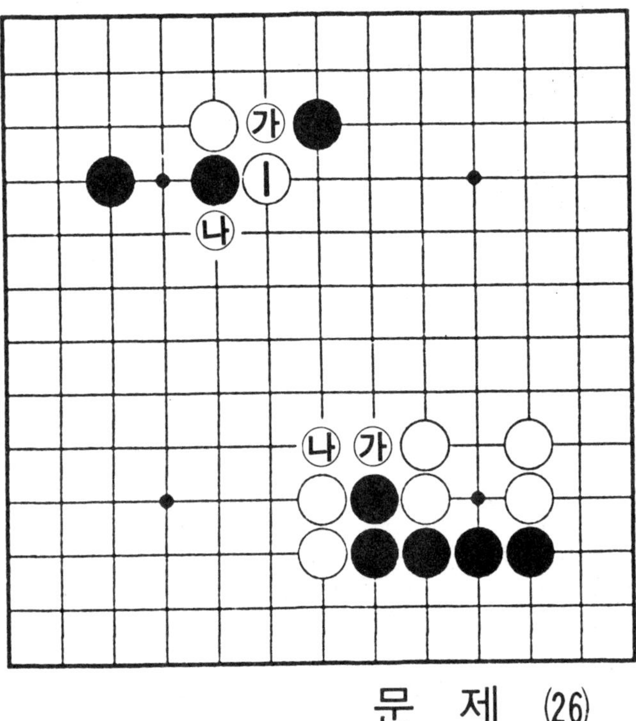

문 제 (26)

(25), (26), (27), (28) 흑선. 흑가냐 흑나냐, 이다. 노타임에서 두면 이 중반에 단숨에 전문 정해도 앞지를 수 있을지도…… .

한 문제라도 더 문제를 풀어 보고, 거의 이치에 벗어

문 제 (27)

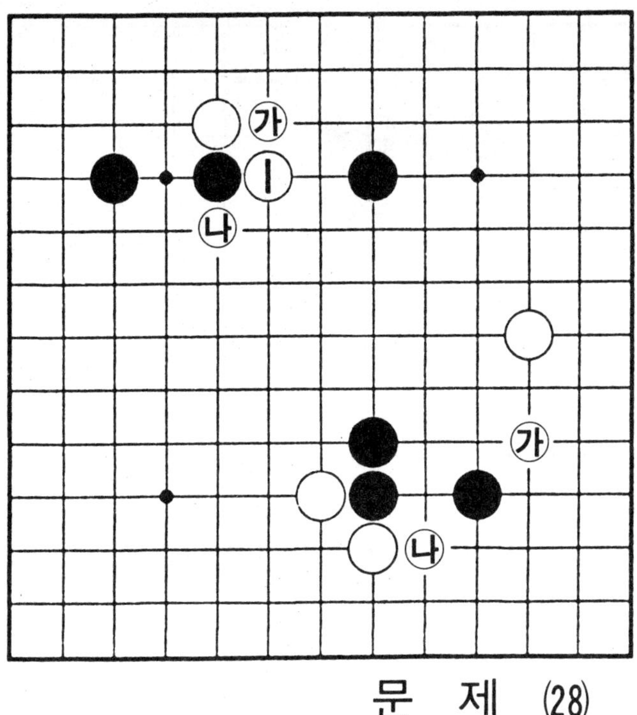

문 제 (28)

남이 없이 이런 곳은 이 한 수라는 제일감(第一感)의 육성에 조금이라도 도움이 되면…… 하는 저자의 마음을 헤아려 주길 바란다. 반면 답의 페이지는 상세한 설명을 쓸 여백이 없으나, 정해를 믿고 스스로 납득할 때까지 익히길 바란다.

문 제 (29)

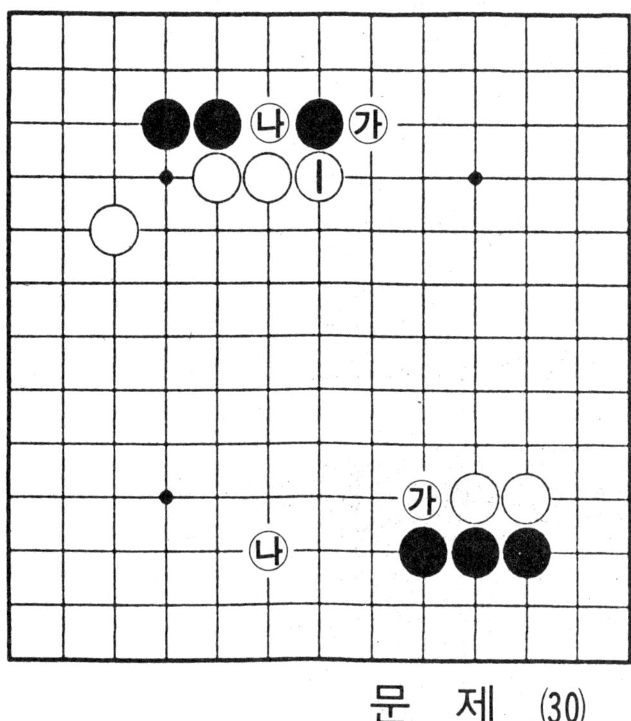

문 제 (30)

모든 문제는 한 귀에 한정되어 있다. 그러나 한 귀를 이해할 수 있다면, 그것은 네 귀를 이해하는 것에 연결된다.

그리고 그것은 또 전국으로의 이해와 연결된다고도 할 수 있다.

문 제 (31)

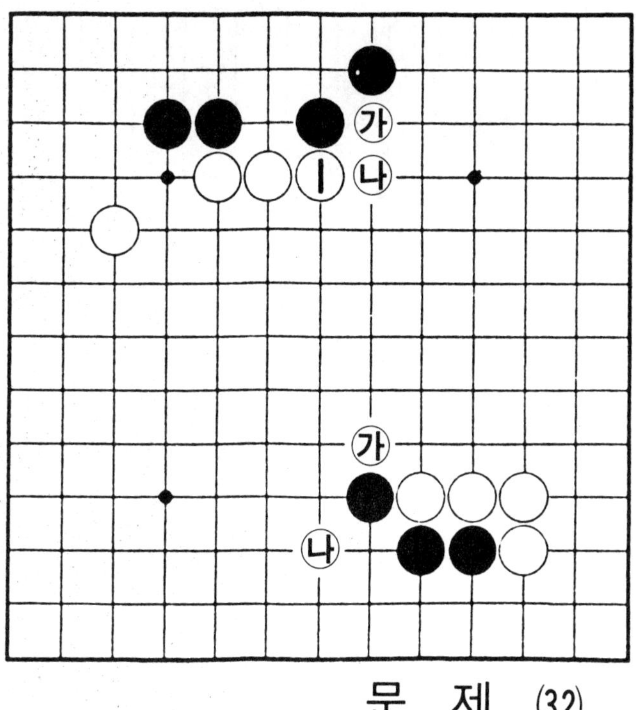

문 제 (32)

(29) 백 1로 밀어 오면 흑가로 뻗을 것인가, 흑나로 이을 것인가?

(30) 흑선. 흑가의 구부림이냐, 흑나의 전개냐?

(31) 흑선. 흑가, 흑나의 어느쪽에 두느냐?

(32) 흑선. 흑가의 뻗음? 흑나의 걸쳐이음?

문 제 (33)

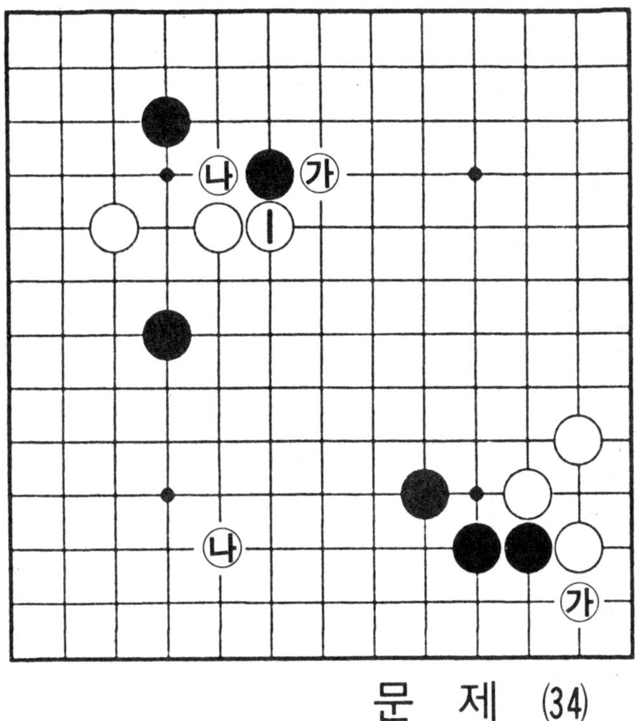

문 제 (34)

(33)이하 (40)까지, 문제는 모두——

흑선. 흑가냐? 흑나냐? 이다.

문제중 (37)과 (39)는 상당히 비슷한 형으로 주변의 백이 약간 다를 뿐인데 답은 완전히 달라진다. 또

문 제 (35)

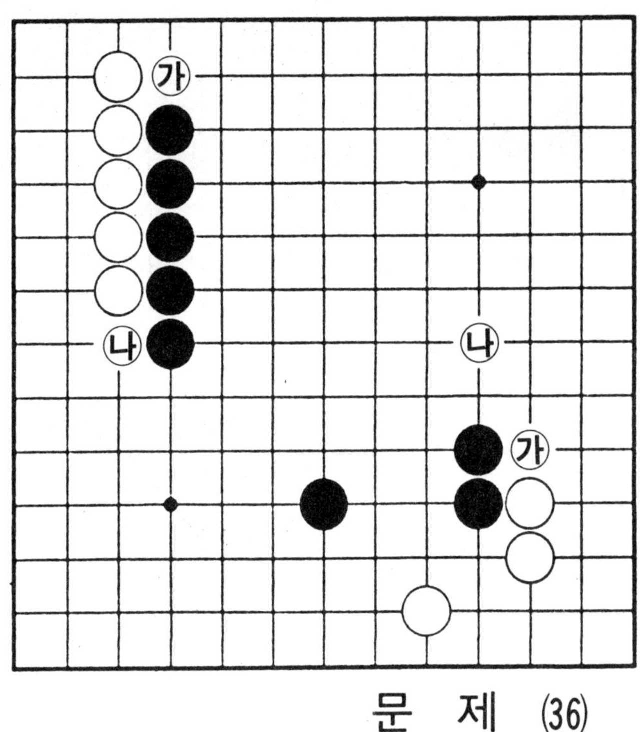

문 제 (36)

(38) (40) 은 흑의 잇는 방향의 문제로 가·나 어느쪽으로 두어도 이음에는 변함이 없으나, 같은 이음이라 하더라도 좋고 나쁜 차이가 있다는 것을 알았으면 한다. 일문일점(一問一点)으로 30점이라면 초급 합격점.

문 제 (37)

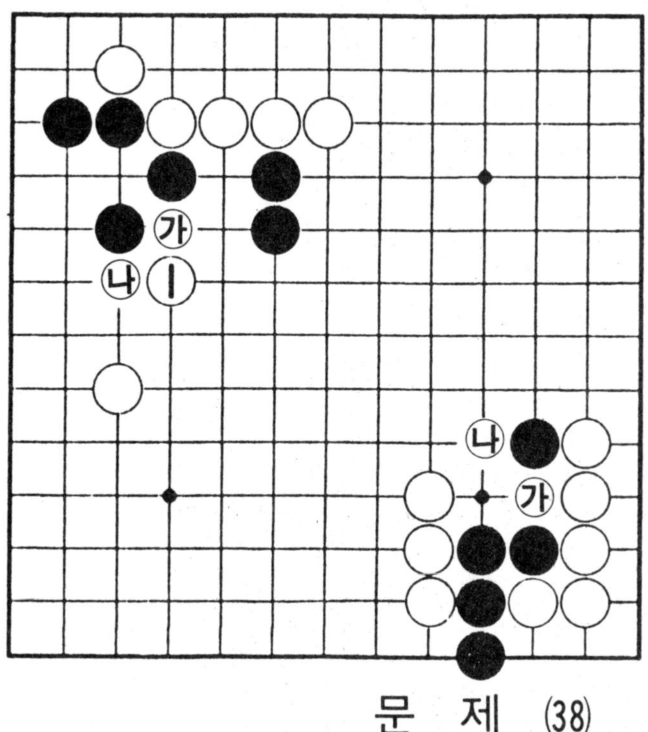

문 제 (38)

정해

(1) 가 흑가, 백나. 흑가의 한 길 우상 감쌈.

(2) 나 이렇게 대지 않으면 백 2점 딸 수 없다.

(3) 가 2점의 머리는 여기. 나의 쪽은 뒤.

(4) 나 이것은 누름으로 정해져 있다.

문 제 (39)

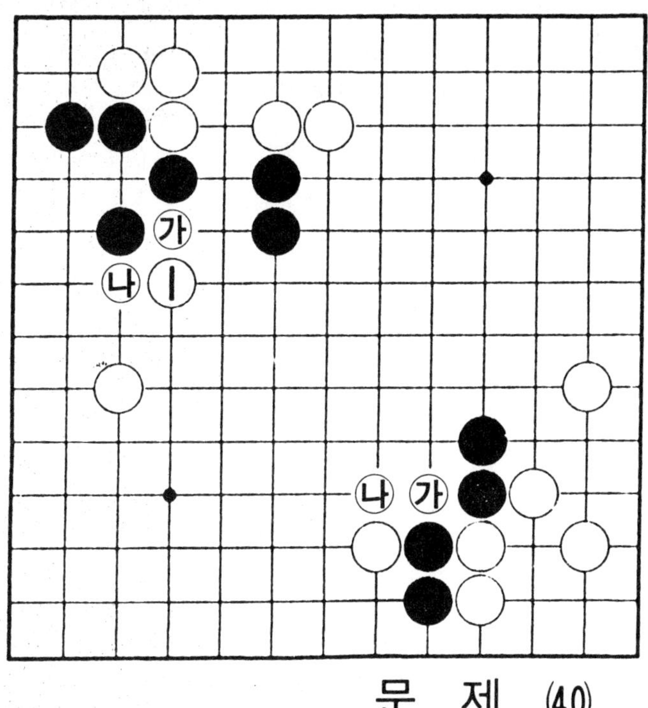

문 제 (40)

(5) 가 '구멍에는 비집고 들어가라' 고도 한다.

(6) 나 이곳을 잇지 않으면 빼앗긴다.

(7) 가 흑가, 백나. 흑나의 한 길 좌로 쫓는다.

(8) 가 이 이음으로 흑의 불안이 해소된다.

(9) 가 돌은 앞으로 나올 것. 흑나는 후퇴.

(10) 가 쾌심의 누름. 흑 아주 좋다.
(11) 가 가의 가치가 높으나 주변 상황에 주의.
(12) 가 '선수를 쓰면 남을 누를 수 있다'
(13) 나 이런 때 끊기면 바둑이 아니다.
(14) 가 전례와 똑같다.
(15) 나 귀의 확보가 크다. 그렇지만 약간 어려운 문제.
(16) 가 정해져 있다. 흑나로는 백가로 흑 분단된다.
(17) 나 이 점에 백으로부터 봉쇄는 심하다.
(18) 나 흑가 보다 이쪽이 먼저이다.
(19) 나 이렇게 두어도 백의 봉쇄는 없다.
(20) 나 '접촉전에 손을 떼지 말라'
(21) 나 귀의 확보 크다. 19문과 같은 뜻.
(22) 나 기본 받음의 하나. 흑가는 없는 수.
(23) 가 흑나로 두면 백가의 일발로 봉쇄.
(24) 가 '엿봄에 잇지 않는 바보는 없다.'
(25) 가 끊는 한 수. 흑나는 백가로 흑 나쁘다.
(26) 가 흑나로 두면 백가로 끊김.
(27) 나 25문과 반대로 이번에는 뻗음이 맞다.
(28) 나 10문과 거이 같은 뜻. 참으로 가 좋다.
(29) 가 이것으로 선행. 흑나로는 후퇴이다.
(30) 가 '천양(千両)구부림' 이것은 쾌심의 한 수.
(31) 나 젖힘으로 정해져 있다. 흑가는 어리석다.

(32) 나 모양이 좋은 걸쳐 이음. 흑가는 끊김.
(33) 가 29문 흑가와 같은 뜻. 흑나는 후퇴.
(34) 나 좋은 벌림. 흑가는 귀에 구애된다.
(35) 나 '천양구부림' 이것도 회심의 한 수.
(36) 가 전례와 거의 같은 뜻이다.
(37) 가 이음이다. 흑나는 백에게 끊긴다.
(38) 나 흑가보다 돌이 잘 움직인다.
(39) 나 이렇게 두어도 끊길 염려 없다.
(40) 나 쾌심의 호형(好形). 흑 아주 좋다.

전적표(戰績表)

월 일	대국자(対局者)	집 수	승 패

이긴 수　　　진 수　　　승률

전적표(戰績表)

월 일	대국자(対局者)	집 수	승 패

이긴 수　　　　진 수　　　　승률

전적표(戰績表)

월 일	대국자(対局者)	집 수	승 패

이긴수 진 수 승률

전적표(戰績表)

월 일	대국자(対局者)	집 수	승 패

이긴 수　　　　진 수　　　　　승률

초보자를 위한 바둑의 ABC

2013년 5월 25일 재판
2013년 5월 30일 펴냄

지은이/ 影 川 利 郎
옮긴이/ 프로바둑연구회
펴낸이/ 최 상 일
펴낸곳/ 太乙出版社
서울특별시 중구 신당6동 52-107 (동아빌딩내)
등록/1973년 1월 10일(제4-10호)

*잘못된 책은 구입하신 곳에서 교환해 드립니다.

■주문 및 연락처

우편번호 100-456
서울특별시 중구 신당6동 52-107 (동아빌딩 내)
전화 / 2237-5577 팩스 / 2233-6166

ISBN 89-493-0348-5 13690